6/05

$15.99

Guías Visuales
TIBURÓN

Guante de dientes de tiburón, Kiribati, océano Pacífico occidental

Par de copépodos, que se pegan a las aletas de los tiburones

Raya ondulada

Tiburón angelote

Maqueta de un gran tiburón blanco, macl

Par de cazones bebé

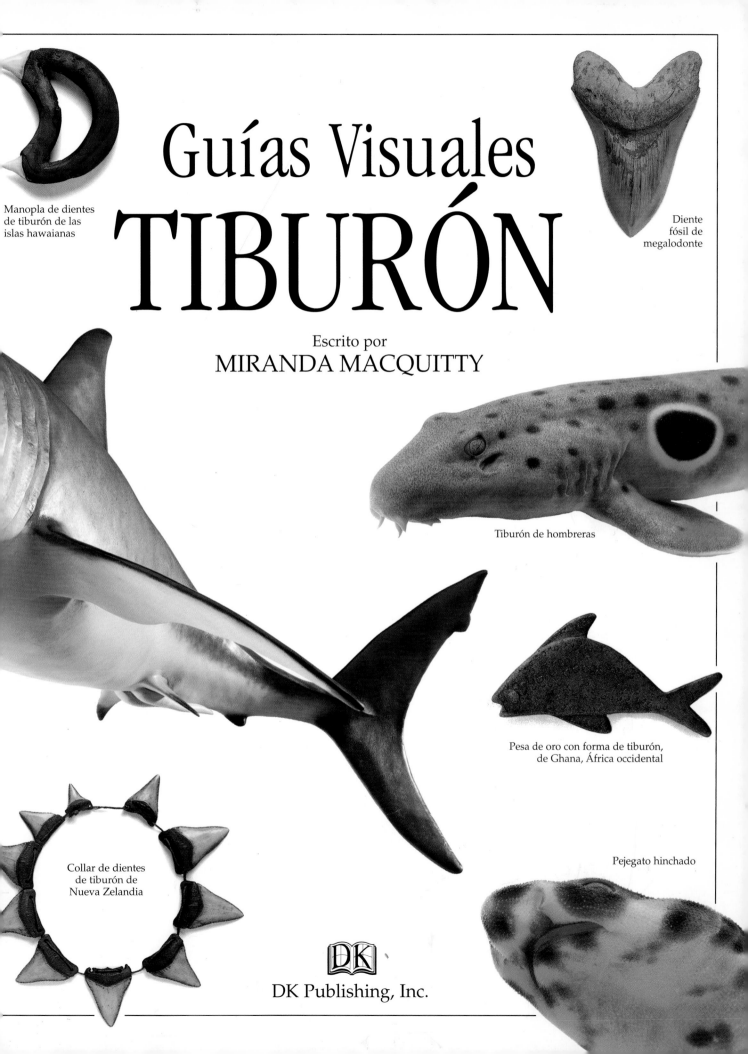

Guías Visuales
TIBURÓN

Escrito por
MIRANDA MACQUITTY

Manopla de dientes
de tiburón de las
islas hawaianas

Diente
fósil de
megalodonte

Tiburón de hombreras

Pesa de oro con forma de tiburón,
de Ghana, África occidental

Collar de dientes
de tiburón de
Nueva Zelandia

Pejegato hinchado

DK Publishing, Inc.

Tiburón
Port
Jackson

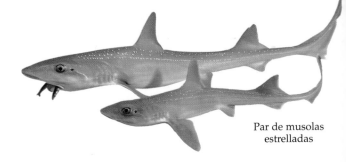

Par de musolas
estrelladas

LONDRES, NUEVA YORK, MÚNICH, MELBOURNE Y DELHI

Título original de la obra: *Shark*
Copyright © 1992, © 2002 Dorling Kindersley Limited

Editora del proyecto Marion Dent
Editora de arte Jill Plank
Jefa de Redacción Helen Parker
Directora de arte Julia Harris
Producción Louise Barratt
Investigación iconográfica Suzanne Williams
Fotografía especial Frank Greenaway, Dave King
Asesor editorial Dr. Geoffrey Waller
Creación de maquetas Graham High y Jeremy Hunt
Agradecimientos especiales Sea Life Centres (Reino Unido)

Editora en EE. UU. Elizabeth Hester
Directora de arte Michelle Baxter
Ayudantes de diseño Belinda Hock y Stephanie Sumulong
Diseño DTP Milos Orlovic
Producción Chris Avgherinos
Asesor Producciones Smith Muñiz

Edición en español preparada por
Alquimia Ediciones, S. A. de C. V.
Río Balsas 127, primer piso, Col. Cuauhtémoc
C. P. 06500, México, D. F.

Primera edición estadounidense, 2004
04 05 06 07 08 10 9 8 7 6 5 4 3 2 1

Publicado en Estados Unidos por DK Publishing, Inc.
375 Hudson Street, New York, New York 10014

Los créditos de la página 72 forman parte de esta página.

D.R. © 2004 DK Publishing, Inc.

A catalog record for this book is available from the Library of Congress.

ISBN 0-7566-0636-5 (HC) 0-7566-0795-7 (Library Binding)

Reproducción a color por Colourscan, Singapur
Impreso y encuadernado por Toppan Printing Co. (Shenzhen) Ltd.

Descubre más en

www.dk.com

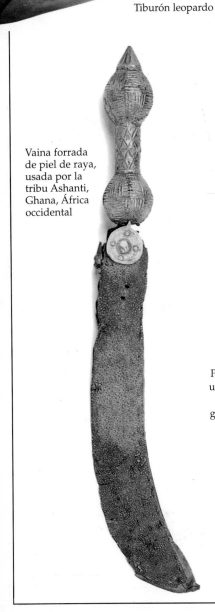

Vaina forrada
de piel de raya,
usada por la
tribu Ashanti,
Ghana, África
occidental

Fósil de
diente de
Ptychodus

Lanza para cazar
tiburones, islas
Nicobar, India

Matraca de
tiburón, Samoa,
Pacífico del sur

Tiburón leopardo

Contenido

Maqueta de
un gran
tiburón blanco

¿Qué es un tiburón?

MUCHA GENTE CONSIDERA a los tiburones malos y amenazantes con sus hocicos puntiagudos, temibles dientes y ojos brillantes. Hábiles depredadores, sólo unos cuantos son un peligro para la gente. Las casi 375 especies varían en tamaño, desde el linterna de 8 pulg (20 cm) al ballena de más de 40 pies (12 m), pero la mitad de las especies mide menos de 3.3 pies (1 m) de largo. No todos son tan aerodinámicos como éste, de aleta negra. Los ángel tienen el cuerpo aplanado; los cornudos, cabeza chata, en tanto que los bambú son largos y flexibles. Pertenecen a la clase de peces llamada condrictios, con esqueleto de cartílago. Viven en el mar, pero unos cuantos viven o nadan en aguas del interior.

STINGRAY
Juguete con el nombre en inglés de un pariente cercano del tiburón, la mantarraya (págs. 8-9).

*Al
dor*

Hocico puntiagudoy largo

Boca bajo el hocico, como en la mayoría de tiburones

Branquias: la mayoría tienen cinco

Aleta pectoral: ayuda a eleva cuando nada, hace adem de freno, pero no se dob hacia arriba como de los peces con espin

Vista lateral de un tiburón de aleta negra: la clásica del tiburón

Hocico largo

Tiburón sierra

Cuerpo redondeado

Cuerpo plano

Boca bajo el hocico

Boca al final del hocico

Tiburón angelote

Tiburón de clavos

Hocico corto

Tiburón cazón

No aleta anal

Tiburón sapata áspera

Aleta anal

Tiburón de gorguera

Tiburón vaca

6–7 ranuras branquiales 1 aleta dorsal

5 ranuras branquiales 2 aletas dorsales

Boca frente a los ojos

No aleta de espina

Aleta de espina

Tiburón martillo

Tiburón de collarín

Tiburón ciego

Tiburón ba

Tiburón tapicero

Tiburón n

Tiburones de bambú

Tiburón

Tiburón cornudo

Boca tras los ojos

Tiburón cazón picudo

Tiburón zorr

Tiburón comadreja

Tiburón jaquetó

Tollo

Tiburón peregrir

Musola barbuda

Tiburón boquigrand

Tiburón gato falso

Tiburón cocodrilo

Tiburón gato de aleta trasera

Tiburón duend

Tiburón gato

Membrana nictante; válvula intestinal espiral o en espiral

Sin párpado nictante; válvula intestinal de anillos

Clasificación de tiburones vivientes

Hay cerca de 375 especies de tiburón que se dividen en ocho grupos, u órdenes, según tengan o no ciertas características internas o externas, como aletas anales, aleta de espina, forma de la válvula en el intestino, etc. Al clasificar un grupo de animales, los científicos tratan de determinar cuáles están más cercanos a otros y los ponen en un grupo. Pero no es posible obtener todas las relaciones, así que algunos se agrupan por conveniencia. La clasificación puede cambiar cuando se descubren nuevos tiburones o cuando otros estudios revelan nuevas relaciones.

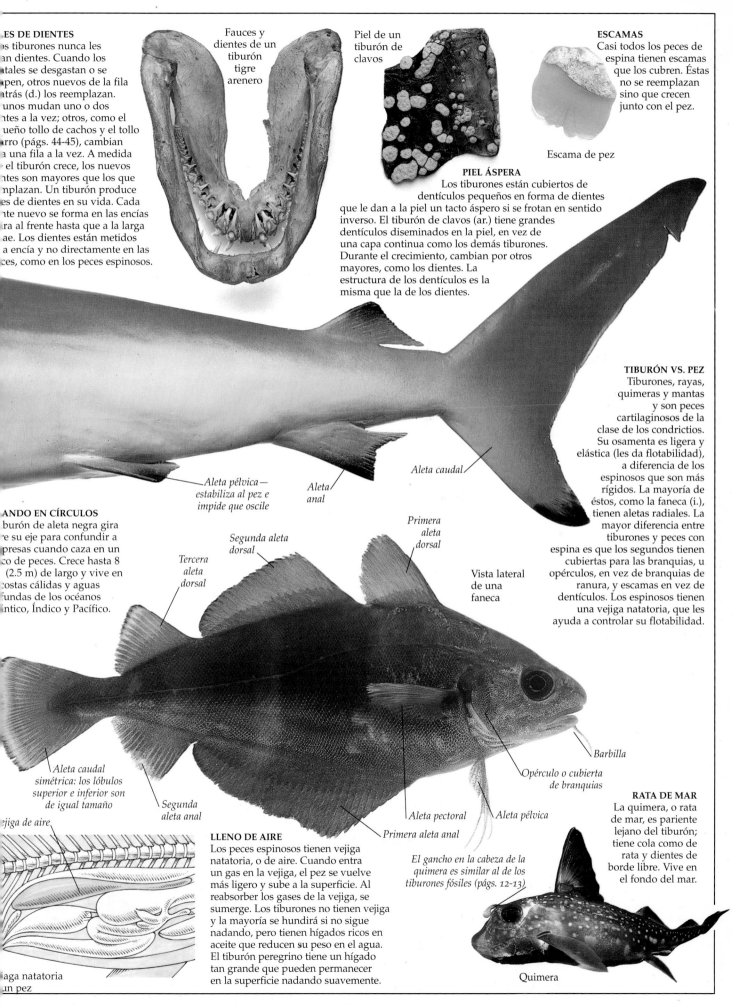

ES DE DIENTES

s tiburones nunca les
an dientes. Cuando los
tales se desgastan o se
pen, otros nuevos de la fila
trás (d.) los reemplazan.
unos mudan uno o dos
tes a la vez; otros, como el
ueño tollo de cachos y el tollo
rro (págs. 44-45), cambian
a una fila a la vez. A medida
el tiburón crece, los nuevos
tes son mayores que los que
mplazan. Un tiburón produce
s de dientes en su vida. Cada
te nuevo se forma en las encías
ra al frente hasta que a la larga
ae. Los dientes están metidos
a encía y no directamente en las
ces, como en los peces espinosos.

Fauces y
dientes de un
tiburón
tigre
arenero

Piel de un
tiburón de
clavos

ESCAMAS
Casi todos los peces de
espina tienen escamas
que los cubren. Éstas
no se reemplazan
sino que crecen
junto con el pez.

Escama de pez

PIEL ÁSPERA
Los tiburones están cubiertos de
dentículos pequeños en forma de dientes
que le dan a la piel un tacto áspero si se frotan en sentido
inverso. El tiburón de clavos (ar.) tiene grandes
dentículos diseminados en la piel, en vez de
una capa continua como los demás tiburones.
Durante el crecimiento, cambian por otros
mayores, como los dientes. La
estructura de los dentículos es la
misma que la de los dientes.

TIBURÓN VS. PEZ
Tiburones, rayas,
quimeras y mantas
y son peces
cartilaginosos de la
clase de los condrictios.
Su osamenta es ligera y
elástica (les da flotabilidad),
a diferencia de los
espinosos que son más
rígidos. La mayoría de
éstos, como la faneca (i.),
tienen aletas radiales. La
mayor diferencia entre
tiburones y peces con
espina es que los segundos tienen
cubiertas para las branquias, u
opérculos, en vez de branquias de
ranura, y escamas en vez de
dentículos. Los espinosos tienen
una vejiga natatoria, que les
ayuda a controlar su flotabilidad.

*Aleta pélvica—
estabiliza al pez e
impide que oscile*

*Aleta
anal*

Aleta caudal

*Primera
aleta
dorsal*

*Segunda aleta
dorsal*

*Tercera
aleta
dorsal*

Vista lateral
de una
faneca

ANDO EN CÍRCULOS
burón de aleta negra gira
re su eje para confundir a
presas cuando caza en un
co de peces. Crece hasta 8
(2.5 m) de largo y vive en
costas cálidas y aguas
fundas de los océanos
ntico, Índico y Pacífico.

*Aleta caudal
simétrica: los lóbulos
superior e inferior son
de igual tamaño*

*Segunda
aleta anal*

Barbilla

*Opérculo o cubierta
de branquias*

Aleta pectoral

Aleta pélvica

Primera aleta anal

RATA DE MAR
La quimera, o rata
de mar, es pariente
lejano del tiburón;
tiene cola como de
rata y dientes de
borde libre. Vive en
el fondo del mar.

ejiga de aire

LLENO DE AIRE
Los peces espinosos tienen vejiga
natatoria, o de aire. Cuando entra
un gas en la vejiga, el pez se vuelve
más ligero y sube a la superficie. Al
reabsorber los gases de la vejiga, se
sumerge. Los tiburones no tienen vejiga
y la mayoría se hundirá si no sigue
nadando, pero tienen hígados ricos en
aceite que reducen su peso en el agua.
El tiburón peregrino tiene un hígado
tan grande que pueden permanecer
en la superficie nadando suavemente.

*El gancho en la cabeza de la
quimera es similar al de los
tiburones fósiles (págs. 12-13)*

Quimera

aga natatoria
un pez

Parientes cercanos

UNA GRÁCIL MANTARRAYA QUE NADA con suaves movimientos de sus grandes alas no se parece en nada a un elegante tiburón de arrecife. Sin embargo, las mantarrayas y sus primos – rayas, pez guitarra y pez sierra – pertenecen al mismo grupo de tiburones llamados elasmobranquios. Tienen esqueleto cartilaginoso, flexible como hule, y branquias de ranura, en vez de los opérculos de tapa que tienen los peces espinosos y las quimeras (págs. 6-7). Las rayas tienen aletas pectorales como alas unidas a la cabeza y ranuras branquiales a los costados del cuerpo. La mayoría vive en el fondo del mar y se alimenta de moluscos, gusanos y peces.

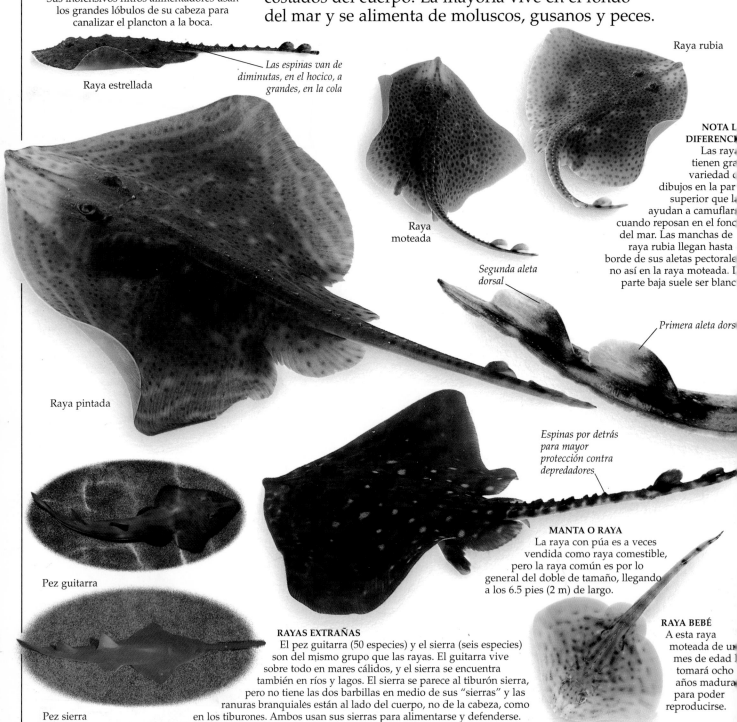

LA GRAN MANTA
La mantarraya, o pez diablo, tiene enormes aletas pectorales (alas) y llega a medir 23 pies (7 m) de ancho. Este espécimen hembra, pescado frente a la costa de Nueva Jersey en EE. UU., pesó más de 2,860 libras (1,300 kg). Sus inofensivos filtros alimentadores usan los grandes lóbulos de su cabeza para canalizar el plancton a la boca.

Raya estrellada

Las espinas van de diminutas, en el hocico, a grandes, en la cola

Raya rubia

Raya moteada

Segunda aleta dorsal

NOTA L
DIFERENC
Las ray
tienen gra
variedad
dibujos en la par
superior que l
ayudan a camuflar
cuando reposan en el fond
del mar. Las manchas de
raya rubia llegan hasta
borde de sus aletas pectorale
no así en la raya moteada. I
parte baja suele ser blanc

Primera aleta dors

Raya pintada

Espinas por detrás para mayor protección contra depredadores

Pez guitarra

MANTA O RAYA
La raya con púa es a veces vendida como raya comestible, pero la raya común es por lo general del doble de tamaño, llegando a los 6.5 pies (2 m) de largo.

RAYAS EXTRAÑAS
El pez guitarra (50 especies) y el sierra (seis especies) son del mismo grupo que las rayas. El guitarra vive sobre todo en mares cálidos, y el sierra se encuentra también en ríos y lagos. El sierra se parece al tiburón sierra, pero no tiene las dos barbillas en medio de sus "sierras" y las ranuras branquiales están al lado del cuerpo, no de la cabeza, como en los tiburones. Ambos usan sus sierras para alimentarse y defenderse.

Pez sierra

RAYA BEBÉ
A esta raya moteada de u
mes de edad
tomará ocho
años madura
para poder
reproducirse.

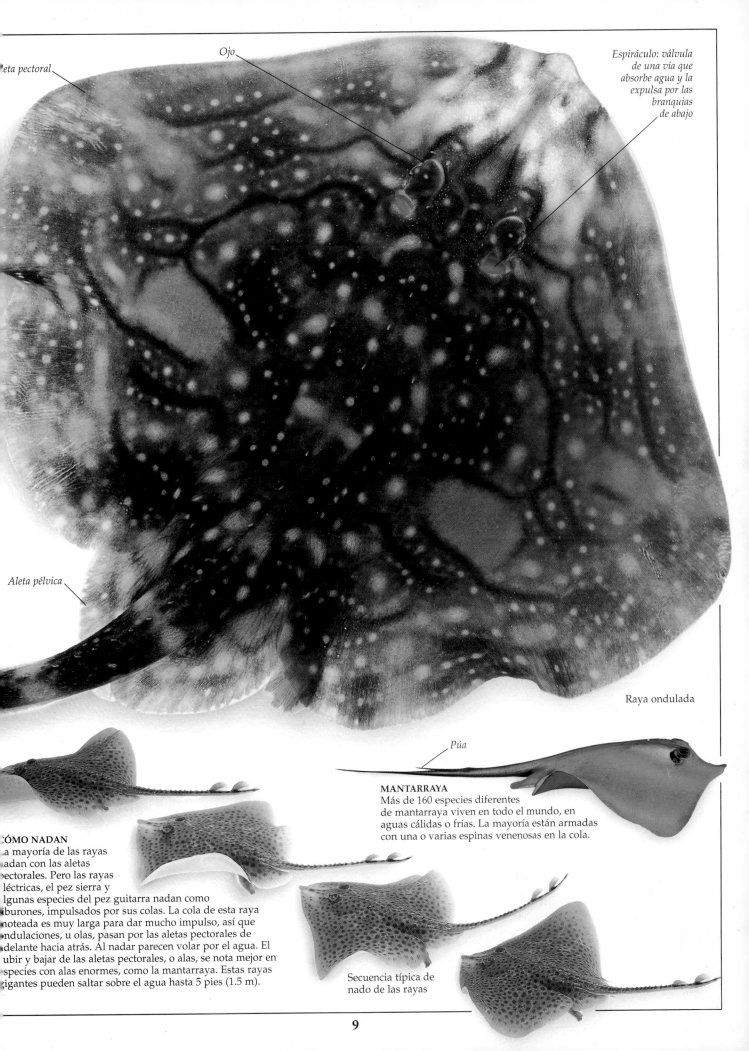

eta pectoral

Ojo

Espiráculo: *válvula de una vía que absorbe agua y la expulsa por las branquias de abajo*

Aleta pélvica

Raya ondulada

Púa

MANTARRAYA
Más de 160 especies diferentes de mantarraya viven en todo el mundo, en aguas cálidas o frías. La mayoría están armadas con una o varias espinas venenosas en la cola.

CÓMO NADAN
La mayoría de las rayas nadan con las aletas pectorales. Pero las rayas eléctricas, el pez sierra y algunas especies del pez guitarra nadan como tiburones, impulsados por sus colas. La cola de esta raya moteada es muy larga para dar mucho impulso, así que ondulaciones, u olas, pasan por las aletas pectorales de delante hacia atrás. Al nadar parecen volar por el agua. El subir y bajar de las aletas pectorales, o alas, se nota mejor en especies con alas enormes, como la mantarraya. Estas rayas gigantes pueden saltar sobre el agua hasta 5 pies (1.5 m).

Secuencia típica de nado de las rayas

Dentro de un tiburón

Bien DISPUESTOS DENTRO del cuerpo de este tiburón de aleta negra están los órganos que lo mantienen vivo. Para respirar, los tiburones tienen branquias que absorben oxígeno del agua y expulsan dióxido de carbono. Estos gases son transportados por la sangre, que el corazón bombea por el cuerpo para liberar oxígeno y nutrimentos, y separar el dióxido de carbono y los desechos. Para tener energía para otras actividades, como crecer y restaurarse, necesitan comer. La comida va al aparato digestivo, que es como un largo tubo. La comida pasa de la boca, por el esófago, al estómago, donde empieza a digerirse, y luego al intestino, que absorbe el alimento digerido. Los desechos se recogen en el recto para sacarlos del cuerpo. Luego, el hígado procesa la comida digerida, lo que aumenta la flotabilidad del tiburón. El riñón limpia la sangre y regula su concentración. Los músculos en la pared del cuerpo mantienen nadando al tiburón, sostenido por el esqueleto y la piel. El cerebro coordina las acciones con instrucciones que recorren la médula espinal. Finalmente, al igual que todos los animales, el tiburón debe reproducirse para continuar la especie. Las hembras producen huevos en sus ovarios y los machos los fecundan. Cuando el esperma llega al huevo, empieza una nueva vida.

PELIGRO ABAJO
Se sabe de tiburones que atacan a la gente que entra en el agua, como pronto lo descubrirá este paracaidista australiano.

Los riñones regulan los des... para mantener la concentraci... fluidos corporales sobre... agua de... o el tibur... deshidr...

Los músculos natatorios segmentados se contraen alternadamente enviando un movimiento ondulatorio de la cabeza a la cola

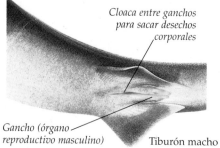

Maqueta de la anatomía interna de un tiburón de aleta negra, hembra

Cloaca entre ganchos para sacar desechos corporales

Gancho (órgano reproductivo masculino)

Tiburón macho

Tiburón hembra (sin ganchos)

Cloaca (apertura para la reproducción y eliminación de desechos)

MACHO O HEMBRA
Los tiburones macho tienen un par de ganchos que se forman del borde interior de sus aletas pélvicas. Al acoplarse, uno de los ganchos rota hacia adelante y se inserta en la abertura del cuerpo de la hembra, o cloaca. El esperma es empujado por un surco del gancho dentro del cuerpo de la hembra, para fertilizar los huevos.

Glándula rectal (tercer riñón) saca el exceso de sal del cuerpo por la cloaca

Válvula de caracol en intestino, otros tiburones tienen válvula de espiral o de anillos

Lóbul... izq. d... gran hígad...

Aleta caudal

TODO EN LA COLA
El tiburón tiene espinazo, o columna vertebral, que se extiende hasta el lóbulo superior de la cola, o aleta caudal. Este tipo de aleta se llama cola heterocercal, como opuesta a la de la mayoría de peces de espina, cuyo lóbulo no tiene extensión a la columna vertebral. Varillas cartilaginosas y filamentos dérmicos dan refuerzo a la cola.

Columna vertebral

Varilla cartilaginosa

Filamento dérmico

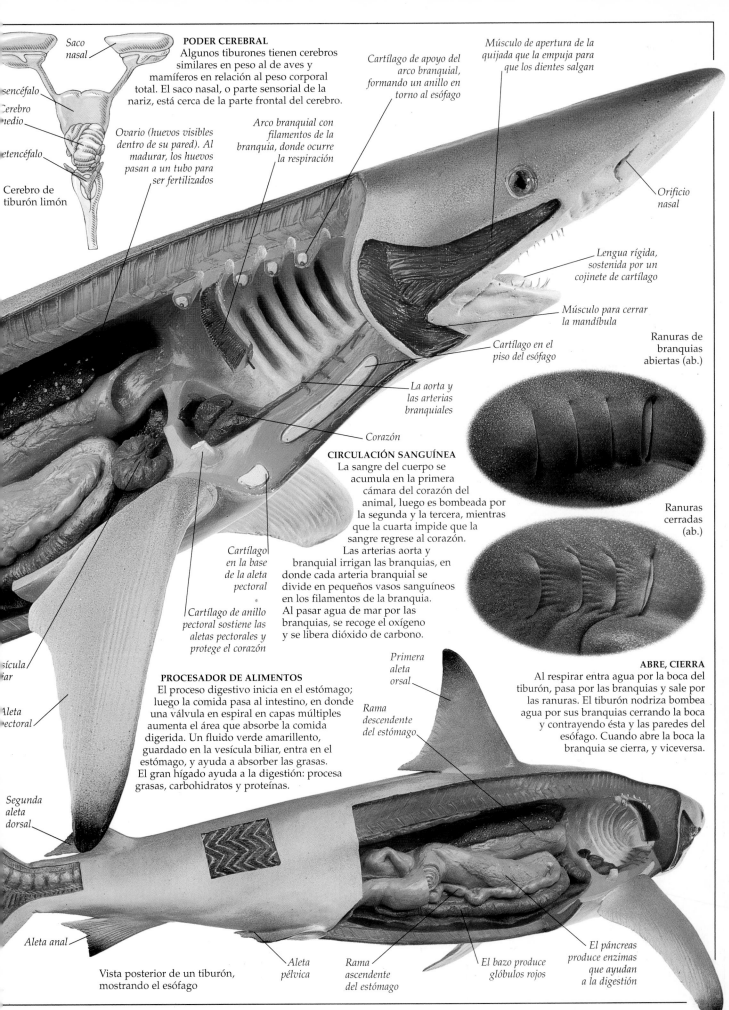

Saco nasal

sencéfalo

Cerebro medio

etencéfalo

Cerebro de tiburón limón

PODER CEREBRAL
Algunos tiburones tienen cerebros similares en peso al de aves y mamíferos en relación al peso corporal total. El saco nasal, o parte sensorial de la nariz, está cerca de la parte frontal del cerebro.

Ovario (huevos visibles dentro de su pared). Al madurar, los huevos pasan a un tubo para ser fertilizados

Arco branquial con filamentos de la branquia, donde ocurre la respiración

Cartílago de apoyo del arco branquial, formando un anillo en torno al esófago

Músculo de apertura de la quijada que la empuja para que los dientes salgan

Orificio nasal

Lengua rígida, sostenida por un cojinete de cartílago

Músculo para cerrar la mandíbula

Cartílago en el piso del esófago

La aorta y las arterias branquiales

Corazón

Ranuras de branquias abiertas (ab.)

Ranuras cerradas (ab.)

CIRCULACIÓN SANGUÍNEA
La sangre del cuerpo se acumula en la primera cámara del corazón del animal, luego es bombeada por la segunda y la tercera, mientras que la cuarta impide que la sangre regrese al corazón. Las arterias aorta y branquial irrigan las branquias, en donde cada arteria branquial se divide en pequeños vasos sanguíneos en los filamentos de la branquia. Al pasar agua de mar por las branquias, se recoge el oxígeno y se libera dióxido de carbono.

Cartílago en la base de la aleta pectoral

Cartílago de anillo pectoral sostiene las aletas pectorales y protege el corazón

sícula iar

Aleta ectoral

PROCESADOR DE ALIMENTOS
El proceso digestivo inicia en el estómago; luego la comida pasa al intestino, en donde una válvula en espiral en capas múltiples aumenta el área que absorbe la comida digerida. Un fluido verde amarillento, guardado en la vesícula biliar, entra en el estómago, y ayuda a absorber las grasas. El gran hígado ayuda a la digestión: procesa grasas, carbohidratos y proteínas.

Primera aleta orsal

Rama descendente del estómago

ABRE, CIERRA
Al respirar entra agua por la boca del tiburón, pasa por las branquias y sale por las ranuras. El tiburón nodriza bombea agua por sus branquias cerrando la boca y contrayendo ésta y las paredes del esófago. Cuando abre la boca la branquia se cierra, y viceversa.

Segunda aleta dorsal

Aleta anal

Aleta pélvica

Rama ascendente del estómago

El bazo produce glóbulos rojos

El páncreas produce enzimas que ayudan a la digestión

Vista posterior de un tiburón, mostrando el esófago

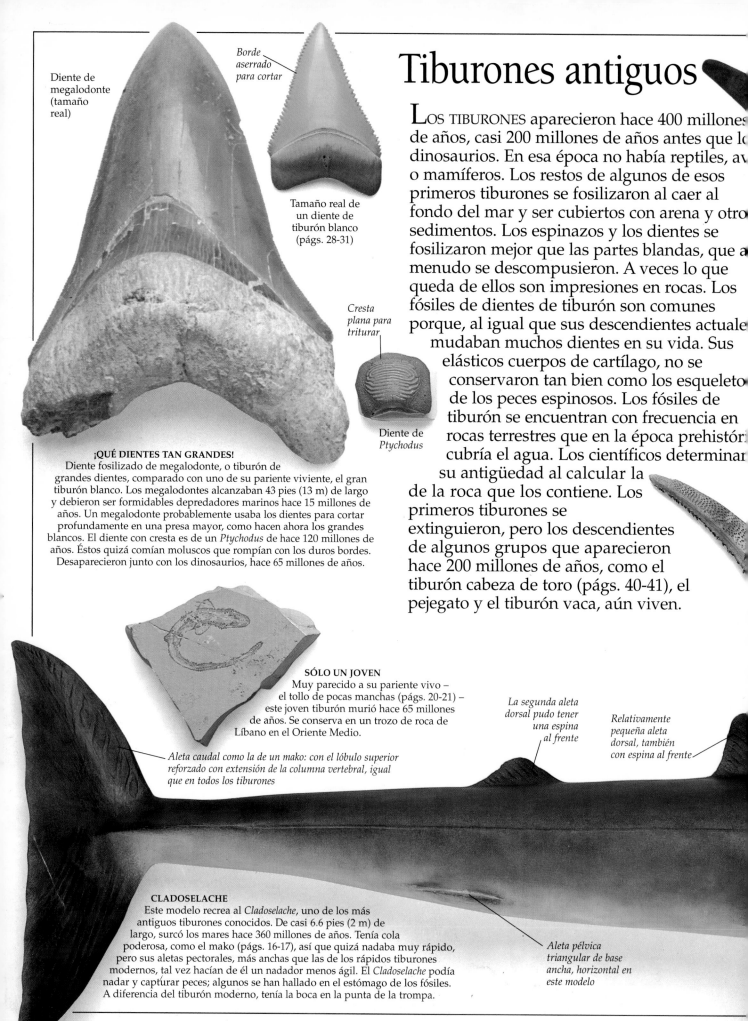

Diente de
megalodonte
(tamaño
real)

Borde
aserrado
para cortar

Tamaño real de
un diente de
tiburón blanco
(págs. 28-31)

Cresta
plana para
triturar

Diente de
Ptychodus

Tiburones antiguos

Los TIBURONES aparecieron hace 400 millones
de años, casi 200 millones de años antes que lo
dinosaurios. En esa época no había reptiles, av
o mamíferos. Los restos de algunos de esos
primeros tiburones se fosilizaron al caer al
fondo del mar y ser cubiertos con arena y otro
sedimentos. Los espinazos y los dientes se
fosilizaron mejor que las partes blandas, que a
menudo se descompusieron. A veces lo que
queda de ellos son impresiones en rocas. Los
fósiles de dientes de tiburón son comunes
porque, al igual que sus descendientes actuale
mudaban muchos dientes en su vida. Sus
elásticos cuerpos de cartílago, no se
conservaron tan bien como los esqueleto
de los peces espinosos. Los fósiles de
tiburón se encuentran con frecuencia en
rocas terrestres que en la época prehistóri
cubría el agua. Los científicos determinar
su antigüedad al calcular la
de la roca que los contiene. Los
primeros tiburones se
extinguieron, pero los descendientes
de algunos grupos que aparecieron
hace 200 millones de años, como el
tiburón cabeza de toro (págs. 40-41), el
pejegato y el tiburón vaca, aún viven.

¡QUÉ DIENTES TAN GRANDES!
Diente fosilizado de megalodonte, o tiburón de
grandes dientes, comparado con uno de su pariente viviente, el gran
tiburón blanco. Los megalodontes alcanzaban 43 pies (13 m) de largo
y debieron ser formidables depredadores marinos hace 15 millones de
años. Un megalodonte probablemente usaba los dientes para cortar
profundamente en una presa mayor, como hacen ahora los grandes
blancos. El diente con cresta es de un *Ptychodus* de hace 120 millones de
años. Éstos quizá comían moluscos que rompían con los duros bordes.
Desaparecieron junto con los dinosaurios, hace 65 millones de años.

SÓLO UN JOVEN
Muy parecido a su pariente vivo –
el tollo de pocas manchas (págs. 20-21) –
este joven tiburón murió hace 65 millones
de años. Se conserva en un trozo de roca de
Líbano en el Oriente Medio.

La segunda aleta
dorsal pudo tener
una espina
al frente

Relativamente
pequeña aleta
dorsal, también
con espina al frente

Aleta caudal como la de un mako: con el lóbulo superior
reforzado con extensión de la columna vertebral, igual
que en todos los tiburones

CLADOSELACHE
Este modelo recrea al *Cladoselache*, uno de los más
antiguos tiburones conocidos. De casi 6.6 pies (2 m) de
largo, surcó los mares hace 360 millones de años. Tenía cola
poderosa, como el mako (págs. 16-17), así que quizá nadaba muy rápido,
pero sus aletas pectorales, más anchas que las de los rápidos tiburones
modernos, tal vez hacían de él un nadador menos ágil. El *Cladoselache* podía
nadar y capturar peces; algunos se han hallado en el estómago de los fósiles.
A diferencia del tiburón moderno, tenía la boca en la punta de la trompa.

Aleta pélvica
triangular de base
ancha, horizontal en
este modelo

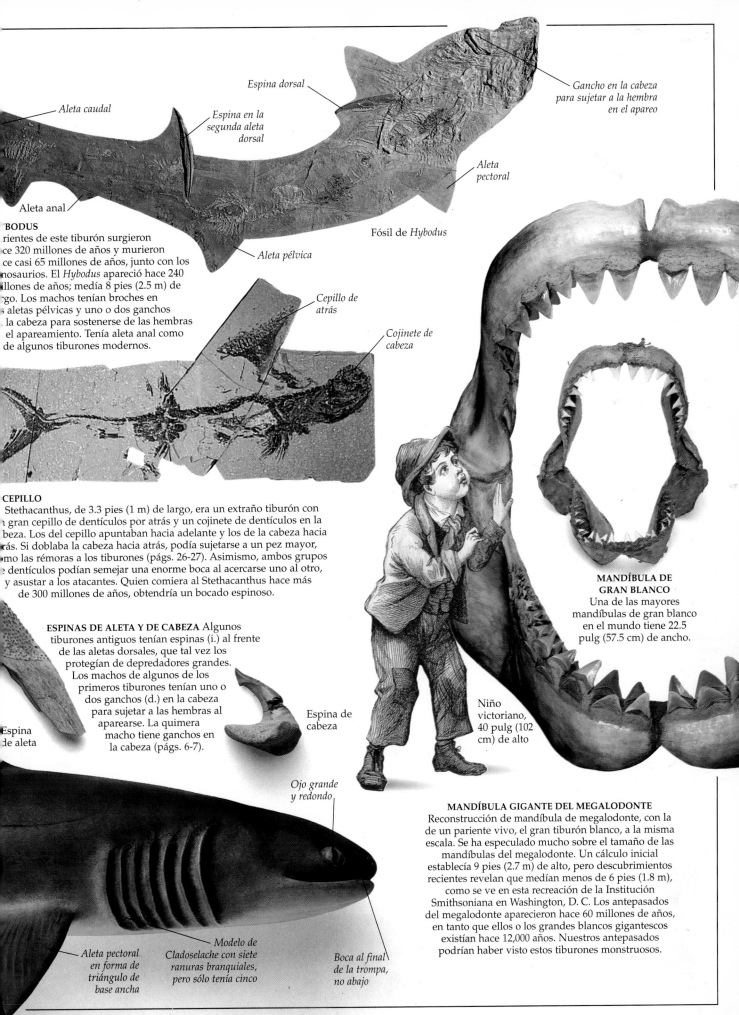

Aleta caudal

Espina dorsal

Espina en la segunda aleta dorsal

Gancho en la cabeza para sujetar a la hembra en el apareo

Aleta pectoral

Aleta anal

Fósil de *Hybodus*

BODUS

rientes de este tiburón surgieron
ce 320 millones de años y murieron
ce casi 65 millones de años, junto con los
nosaurios. El *Hybodus* apareció hace 240
llones de años; medía 8 pies (2.5 m) de
go. Los machos tenían broches en
s aletas pélvicas y uno o dos ganchos
la cabeza para sostenerse de las hembras
el apareamiento. Tenía aleta anal como
de algunos tiburones modernos.

Aleta pélvica

Cepillo de atrás

Cojinete de cabeza

CEPILLO

Stethacanthus, de 3.3 pies (1 m) de largo, era un extraño tiburón con
gran cepillo de dentículos por atrás y un cojinete de dentículos en la
beza. Los del cepillo apuntaban hacia adelante y los de la cabeza hacia
ás. Si doblaba la cabeza hacia atrás, podía sujetarse a un pez mayor,
mo las rémoras a los tiburones (págs. 26-27). Asimismo, ambos grupos
e dentículos podían semejar una enorme boca al acercarse uno al otro,
y asustar a los atacantes. Quien comiera al Stethacanthus hace más
de 300 millones de años, obtendría un bocado espinoso.

ESPINAS DE ALETA Y DE CABEZA Algunos
tiburones antiguos tenían espinas (i.) al frente
de las aletas dorsales, que tal vez los
protegían de depredadores grandes.
Los machos de algunos de los
primeros tiburones tenían uno o
dos ganchos (d.) en la cabeza
para sujetar a las hembras al
aparearse. La quimera
macho tiene ganchos en
la cabeza (págs. 6-7).

Espina de cabeza

Espina de aleta

MANDÍBULA DE GRAN BLANCO
Una de las mayores
mandíbulas de gran blanco
en el mundo tiene 22.5
pulg (57.5 cm) de ancho.

Niño victoriano, 40 pulg (102 cm) de alto

Ojo grande y redondo

Aleta pectoral en forma de triángulo de base ancha

Modelo de Cladoselache con siete ranuras branquiales, pero sólo tenía cinco

Boca al final de la trompa, no abajo

MANDÍBULA GIGANTE DEL MEGALODONTE
Reconstrucción de mandíbula de megalodonte, con la
de un pariente vivo, el gran tiburón blanco, a la misma
escala. Se ha especulado mucho sobre el tamaño de las
mandíbulas del megalodonte. Un cálculo inicial
establecía 9 pies (2.7 m) de alto, pero descubrimientos
recientes revelan que medían menos de 6 pies (1.8 m),
como se ve en esta recreación de la Institución
Smithsoniana en Washington, D. C. Los antepasados
del megalodonte aparecieron hace 60 millones de años,
en tanto que ellos o los grandes blancos gigantescos
existían hace 12,000 años. Nuestros antepasados
podrían haber visto estos tiburones monstruosos.

Garbo asombroso

NADANDO EN "S"
Los tiburones nadan en S y usan una combinación de ángulos de aleta para navegar a la derecha o la izquierda.

LOS TIBURONES SON NADADORES gráciles que surcan el agua moviendo la cola de un lado a otro. Separan las aletas pectorales del cuerpo, y al correr el agua sobre ellas, se genera una elevación que impide el hundimiento. Una elevación mayor se produce con el lóbulo superior de la cola, que tiende a empujar la cabeza hacia abajo, así que el tiburón puede nadar a nivel. Las aletas del tiburón no son tan flexibles como las de los peces espinosos, pero el ajuste al ángulo en que se sostienen, da el control para ir en cualquier dirección. Las aletas pectorales también se usan para frenar. Algunos tiburones que viven en el fondo del mar, como los cornudos (págs. 40-41) y los de hombreras, usan las aletas pectorales para deslizarse por el fondo. A diferencia de los peces con espina, los tiburones no pueden mover las aletas pectorales como remos, así que no nadan hacia atrás o se detienen en el agua. Carecen de vejigas natatorias que dan flotabilidad a los peces espinosos, pero tienen hígados ricos en aceite (págs. 10-11) que ayudan a reducir el peso.

LA PUNTA DE LA COLA
Las ondulaciones, u olas en S, pasan por abajo del tiburón al avanzar (ar.). la cola se dobla más que el resto del cuerpo, produciendo un empuje hacia adelante.

EL TOLLO ESTRELLADO
Los dentículos en la piel del tiburón se alinean en dirección del avance, ayudando a reducir el arrastre (resistencia al agua). Estos dentículos pueden atrapar una capa de agua que los ayuda a moverse con más facilidad.

NAVEGACIÓN
Con las aletas pectorales extendidas a los lados, el tollo estrellado (d.) mantiene su nivel de nado. Las aletas dorsales impiden que ruede y la cola le da empuje hacia adelante.

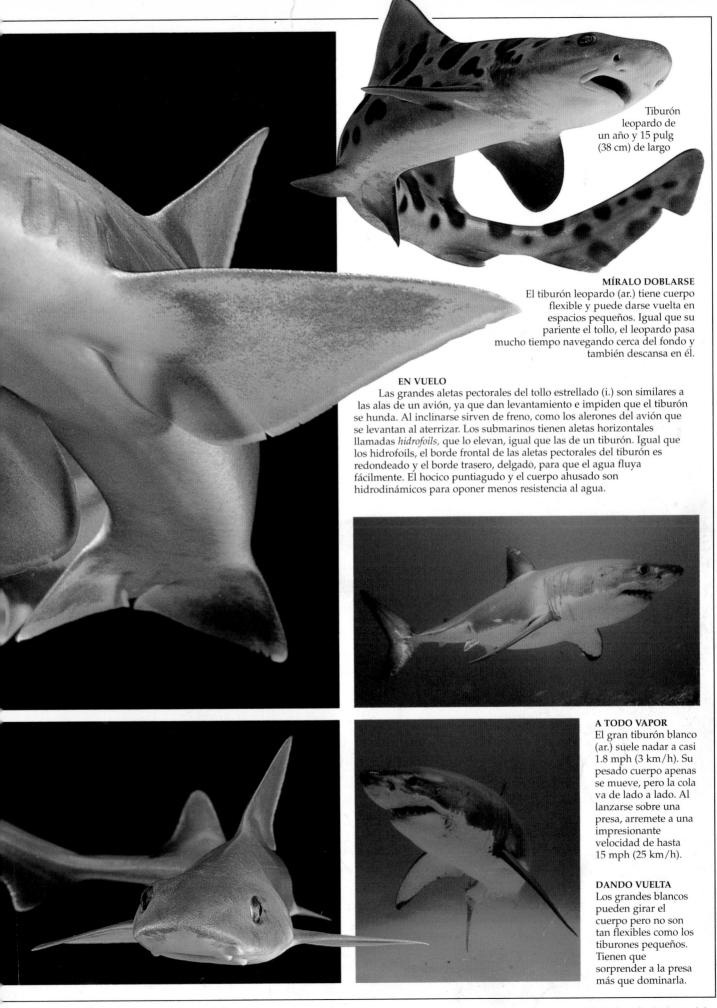

Tiburón
leopardo de
un año y 15 pulg
(38 cm) de largo

MÍRALO DOBLARSE
El tiburón leopardo (ar.) tiene cuerpo
flexible y puede darse vuelta en
espacios pequeños. Igual que su
pariente el tollo, el leopardo pasa
mucho tiempo navegando cerca del fondo y
también descansa en él.

EN VUELO
Las grandes aletas pectorales del tollo estrellado (i.) son similares a
las alas de un avión, ya que dan levantamiento e impiden que el tiburón
se hunda. Al inclinarse sirven de freno, como los alerones del avión que
se levantan al aterrizar. Los submarinos tienen aletas horizontales
llamadas *hidrofoils,* que lo elevan, igual que las de un tiburón. Igual que
los hidrofoils, el borde frontal de las aletas pectorales del tiburón es
redondeado y el borde trasero, delgado, para que el agua fluya
fácilmente. El hocico puntiagudo y el cuerpo ahusado son
hidrodinámicos para oponer menos resistencia al agua.

A TODO VAPOR
El gran tiburón blanco
(ar.) suele nadar a casi
1.8 mph (3 km/h). Su
pesado cuerpo apenas
se mueve, pero la cola
va de lado a lado. Al
lanzarse sobre una
presa, arremete a una
impresionante
velocidad de hasta
15 mph (25 km/h).

DANDO VUELTA
Los grandes blancos
pueden girar el
cuerpo pero no son
tan flexibles como los
tiburones pequeños.
Tienen que
sorprender a la presa
más que dominarla.

Continúa en la siguiente página

Colas y más colas

La forma de la cola del tiburón va de acuerdo con su estilo de vida. Muchos tiburones tienen aletas de cola cuyo lóbulo superior es mayor que el inferior y, al balancearse de lado a lado, producen un levantamiento que tiende a bajarles la cabeza. Esto se compensa con el levantamiento de las aletas pectorales, que impiden que se vaya al fondo. En los tiburones rápidos, como este mako y el gran blanco, los lóbulos son casi del mismo tamaño. El levantamiento también lo da la base de la cola que, en el mako, tiene pequeñas quillas horizontales. El sobrepeso de este tipo de colas más simétricas dan un empuje más potente. Algunos habitantes lentos del fondo, como la nodriza, tienen la cola menos potente y nadan como anguilas, con una ondulación que baja a la cola.

COLA DEL CAZÓN PECH
El cazón pech es un pequeño martillo (págs. 42-43), que llega a medir 5 pies (1.5 m) de largo. Como todos los tiburones, el lóbulo superior de la cola tiene una extensión de la columna vertebral y usualmente es más grande que el lóbulo inferior. El superior se sostiene en ángulo, así que se levanta sobre la línea media del tiburón (imagina una línea que pase desde la punta del hocico hasta el final de su cuerpo).

Cola de un
tiburón
cazón pech

TIBURÓN ZORRO
El lóbulo superior de un tiburón zorro (i.) es tan largo como su cuerpo. Con una longitud de 5 a 8 pies (1.5 a 2.5 m), la cola de los tres diferentes tipos de zorro (págs. 58-59) es de las más largas entre los tiburones. La usan para atontar a sus presas, pero pueden lastimar a los pescadores cuando los suben a bordo.

Cola de un
tiburón
zorro

Qui

Vista de cola de un
gran tiburón blanco
(págs. 28-29)

COLA DEL GRAN BLANCO
Los lóbulos de la aleta de cola de un gran blanco tienen casi el mismo tamaño. Están muy arriba y muy abajo de la línea media del tiburón. La quilla lo ayuda a dar vuelta. La primera aleta dorsal es rígida e impide que el animal gire. El gran blanco también puede brincar fuera del agua.

DESPIERTA EL ANGELOTE
Para levantar su pesado cuerpo de la arena, el tiburón angelote mueve la cola al frente y atrás golpeando las aletas pectorales y pélvica para mayor impulso. Ya fuera del fondo marino, se impulsa hacia adelante moviendo la cola, pero no serpentea las aletas pectorales como las rayas.

MAKO VOLADOR
Los mako (págs. 26-27) son quizá los tiburones más rápidos, y, por momentos, alcanzan velocidades de unas 19 mph (32 km/h). Cuando caen en el anzuelo de un pescador, saltan sobre la superficie intentando escapar (ar.). Su cola tiene la misma forma que la de otro pez rápido, el atún, y al igual que ella, tiene quillas en la base, lo que aumenta la capacidad de maniobra y quizá proporcione algo de levantamiento. Son depredadores activos, sobre todo de peces.

COLA DE PEJEGATO HINCHADO
Más pequeños que el tiburón nodriza, de 3.3 pies (1 m) de largo, los pejegatos (d.) son perezosos y pasan el día reposando en el lecho del mar y la noche nadando cerca del fondo. Apenas elevan la cola sobre su línea media.

COLA DE CORNUDO
El lóbulo inferior de la cola de un cornudo (págs. 40-41) está más desarrollado que el del pejegato hinchado. La cola de este tiburón cornudo de 3.3 pies (1 m) de largo (d.) se levanta en un ángulo bajo a su línea media y es un nadador lento.

El lóbulo bajo de la cola de un angelote (págs. 36-37) es más largo que el superior

COLA DE
ÓN
RIZA
tiburones
pies (3 m) de
nadan muy lento
n la cola (d.) para
rse cerca del fondo.

Los sentidos

Párpado nictitante de tintorera

Poros sensoriales

LOS TIBURONES TIENEN LOS MISMOS SENTIDOS que los seres humanos: vista, oído, olfato, gusto y tacto. Tienen también un sexto sentido para detectar señales eléctricas producidas por la presa. Este sentido quizá les ayuda a navegar. El mundo submarino es muy diferente al nuestro. La luz disminuye con la profundidad y los colores se convierten en tonos azules. El sonido viaja más rápido y más lejos. Los olores se disuelven en el agua, no en el aire. Los tiburones detectan vibraciones de los movimientos de animales en el agua, que les dan la sensación de un "tacto distante". Es difícil saber con exactitud cómo perciben el mundo, pero los estudios de su comportamiento y de sus sentidos nos dan una idea de lo que es ser un tiburón.

DETECTOR DE METALES
Como se mueve un detector de metales para hallar metales es como los martillo (págs. 42-43) cazan peces ocultos en la arena.

Orificio nasal

SUBIÉNDOLES A LA CABEZA
Como en nosotros, los principales órganos sensoriales están en la cabeza. En esta tintorera se ve el ojo, el orificio nasal y los poros sensoriales que perciben señales eléctricas débiles. Al ojo lo cubre un tercer párpado llamado nictitante, que lo protege cuando el tiburón ataca o se acerca a objetos no conocidos. Al nadar, el agua pasa por el orificio nasal bajo la punta del hocico llevando un flujo constante de olores.

COMIENDO CON FRENESÍ
Cuando los tiburones comen de un cebo, pueden sobreexcitarse y mordisquear alocadamente. Pueden morder a otros o hasta destrozarlos.

Pupila dividida del t. de hombreras

Cazón con pupila cerrada

TODO TIPO DE OJOS
Según la cantidad de luz, el iris de los ojos del tiburón se contra expande para alterar tamaño de la pupila. Una capa de células tras el ojo, el tapeto, refleja la luz a la retir donde se enfocan las imágenes optimizanc el uso de la luz. Eso ayuda a ver con poca luz. Los gatos tienen también tapeto, por l que sus ojos reflejan luz. Bajo luz brillante tiburón escuda su tapeto con una capa pigmento. Como en humanos, la retina d tiburón tiene dos tip de células: bastones trabajan con luz tenu son sensibles a variaciones de luz; y conos que distinguer detalles y que quizá permitan ver en colo

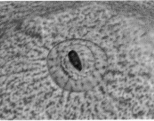
Pupila de angelote

Pupila vertical del tiburón de arrecife

Pupila del tiburón cornudo

Raya con pantalla protectora de luz

Canal semicircular, uno de tres

OÍDO INTERNO
Los tiburones no tienen lóbulos, pero sí oídos en la cabeza a ambos lados del cerebro. Tienen tres canales semicirculares, en ángulo recto, como los encontrados en los oídos de los vertebrados. Estos canales ayudan al tiburón a entender la forma en que ha girado en el agua. Receptores en el oído interno, como los que hay en la línea lateral de la piel, captan sonidos que viajan por el agua. Cada oído tiene un ducto pequeño que lleva a un poro en la parte superior de la cabeza.

TACTO DISTANTE
Los tiburones tienen un sistema de línea lateral que va a cada lado del cuerpo y en la cabeza. Se trata de canales con poros tras los cuales hay células con pelos diminutos. Esparcidas en el cuerpo hay células similares llamadas órganos de pozo, que también recogen las vibraciones.

Línea lateral

Tollo estrellado mostr la línea la

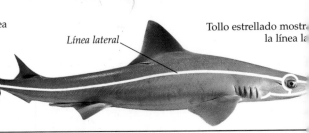

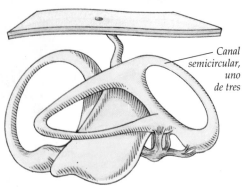
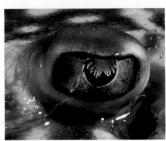
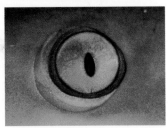

MIRADA AL ACECHO

Los ojos de un martillo están al final de las extensiones de la cabeza, y le dan buena visión al mover ésta de atrás hacia adelante. Los orificios nasales están muy espaciados al frente, y lo ayudan a oler. Las extensiones están llenas de ampollas de Lorenzini para detectar señales eléctricas de peces ocultos.

Brújula

Imán imaginario

Eje Norte-Sur

Campo magnético terrestre

SENTIDO DE BRÚJULA

Algunos tiburones emigran cientos de kilómetros y al parecer saben a dónde van, en lo que para nosotros es un océano informe. Se cree que tienen una especie de brújula que los guía. En una brújula, una aguja magnetizada gira para alinearse con el campo magnético de la Tierra (ar.). Éste es creado por el núcleo de hierro derretido que actúa como un imán gigante. El tiburón parece que nada en una dirección sintiendo los cambios de su propio campo magnético en relación con el de la Tierra. Debe de hacer correcciones por la velocidad y dirección de las corrientes oceánicas, que pueden desviarlo. Es posible que los tiburones puedan navegar detectando los patrones magnéticos del fondo del mar.

ORNITORRINCO

El ornitorrinco de Australia es un animal que, como el tiburón, tiene un sexto sentido que le permite captar señales eléctricas de una presa. Tiene los electrorreceptores en el lado izquierdo del hocico. El ornitorrinco vive en arroyos en donde caza insectos y otras pequeñas criaturas del fondo.

Tiburón nodriza

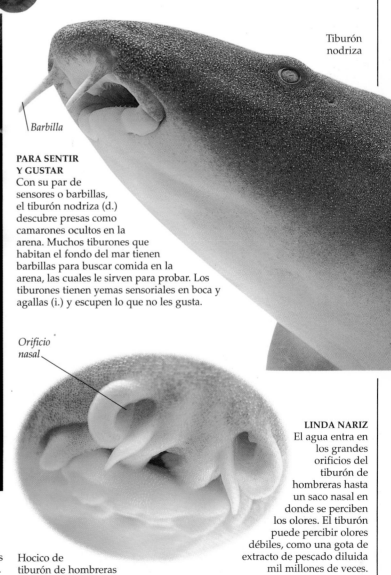

Barbilla

PARA SENTIR Y GUSTAR

Con su par de sensores o barbillas, el tiburón nodriza (d.) descubre presas como camarones ocultos en la arena. Muchos tiburones que habitan el fondo del mar tienen barbillas para buscar comida en la arena, las cuales le sirven para probar. Los tiburones tienen yemas sensoriales en boca y agallas (i.) y escupen lo que no les gusta.

Orificio nasal

LINDA NARIZ

El agua entra en los grandes orificios del tiburón de hombreras hasta un saco nasal en donde se perciben los olores. El tiburón puede percibir olores débiles, como una gota de extracto de pescado diluida mil millones de veces.

NARIZ PUNTEADA

Las manchas en el hocico de este tigre arenero son poros sensoriales, las ampollas de Lorenzini. Estos poros llenos de una sustancia gelatinosa se nen a nervios y detectan las débiles señales eléctricas producidas por los úsculos de la presa y por los procesos corpóreos. A veces los tiburones los nfunden con señales de metal y por eso muerden las jaulas (págs. 52-53).

Hocico de tiburón de hombreras

Listos para desovar

HUEVO EN ESPIRA
Un tiburón cornud
mete su huevo en es
en rocas para que n
coman los depredad

Hallar pareja significa para algunos tiburones una navegación larga porque machos y hembras viven en partes distintas del océano. Al encontrarse, el macho persigue a la hembra y la muerde para animarla a aparearse. Inserta uno de sus ganchos en la cloaca, o apertura. El agua de mar en un saco del cuerpo del macho es empujada por un canal en el gancho (págs. 10-11) para inyectar el esperma. Así se fertilizan los huevos de la hembra dentro de su cuerpo, a diferencia de los peces de espina, en donde la fecundación ocurre fuera del cuerpo con esperma y huevos puestos en el agua. La fertilización puede no ocurrir de inmediato porque algunas hembras de tiburón pueden almacenar esperma hasta estar listas para reproducirse. Los huevos fecundados se desarrollan en el útero de la hembra, hasta que nacen los bebés (págs. 22-23). En otros tiburones, los huevos fertilizados son envueltos con una cubierta correosa y depositados por la hembra en el lecho del mar, en donde se empollan solos. Estos tiburones son ovíparos, es decir, nacen de un huevo fuera de la madre, como las aves y los peces de espina.

HUEVO DE GATO
La concha del huevo
tiburón gato se ase
cualquier cosa en el f
del mar. Los huevos
grandes y están bi
protegidos, así que ti
más oportunidad
sobrevivir que los hu
pequeños de otros pe

SIRENAS
Son criaturas míticas con cuerpo de mujer y cola de pez. En la antigüedad, los marinos inventaron historias sobre ellas. La funda vacía de los huevos de cazón y las rayas que son arrojadas a la costa se llaman bolsas de sirena.

ATRÁPAME SI PUEDES
Un tiburón de arrecife de punta blanca persigue a una hembra para aparearse. Quizá lo atrajo su olor.

MORDIDA DE AMOR
Cuando un macho de punta blanca se acerca a una hembra (d.) la muerde para atraerla a él. Al aparearse, la sujetará de la aleta pectoral con los dientes para tenerla cerca. Poco se sabe del apareamiento de otros grandes tiburones.

PIEL GRUESA
Algunas hembras, como esta tintorera, tienen piel más gruesa que los machos para protegerse de heridas serias en el cortejo. La mayoría de las mordidas son superficiales y sanan pronto.

TIBURONES APAREÁNDOSE
Casi nunca se ve a tiburones apareándose, ni siquiera en un acuario. Al parecer los grandes se acoplan costado con costado. Los de punta blanca de arrecife (i.) lo hacen así y giran sobre la cabeza. Machos más pequeños, como el cazón o el gato son más flexibles y se envuelven alrededor de la hembra al aparearse.

Zarcillo

HUEVOS DE CAZÓN

Los cazones bebé, o embriones, están a salvo en sus fundas de huevo. Cada año las pequeñas hembras manchadas de cazón, o de tiburón gato de manchas ponen cerca de 20 huevos entre las algas. Al principio las fundas son suaves, pero pronto se endurecen con el agua de mar. Los zarcillos en las esquinas de las fundas del huevo las anclan en las algas para que no se las lleven las corrientes. En mares fríos, los embriones tardan hasta nueve meses en desarrollarse antes de salir. Mientras, se alimentan de la yema.

Embrión de cazón

Par de cazones de diez días de edad

Saco de yema

Par de fundas de huevo de cazón

Parte baja color crema

PEQUEÑO CAZÓN

Estos cazones jóvenes tienen diez días. Apenas alcanzan las 4 pulg (10 cm), pero son pequeñas réplicas de sus padres. Las crías de tiburón son, en general, más grandes y desarrolladas que las de los peces de espina. Poco después de nacer, los cazones empiezan a alimentarse de pequeñas criaturas, como camarones. Tardarán diez años en madurar y procrear. Ya crecidos, miden casi 3.3 pies (1 m).

EMBRIÓN DE PEJEGATO HINCHADO DE UN MES

Los tiburones pejegato viven en aguas costeras bajas ste del océano Pacífico. Reciben su nombre porque ando son amenazados se quedan atorados en las ietas de una roca tragando mucha agua. Si se les ca del agua, también pueden hincharse pirando aire. La hembra pone dos huevos a la z, y los deposita entre algas. Una funda rreosa protege cada huevo. Al mes de haber o puesto, en el huevo fertilizado se ha sarrollado un pequeño embrión. La funda, na de yema, lo alimenta mientras crece.

iburón tiene rayas rón claro y oscuro, manchas arriba

2 EMBRIÓN DE TRES MESES DE EDAD

El embrión ya creció y tiene ojos y cola. El saco de yema está unido a la barriga del embrión por una cuerda, en tanto que el oxígeno del mar circundante pasa por la bolsa del huevo para que pueda respirar.

3 EMBRIÓN DE SIETE MESES DE EDAD

Ahora el embrión se ve como un tiburón bebé. Tiene completas las aletas y puede moverse dentro de la funda del huevo. Las dos filas de espinas en la parte de atrás le ayudan a sostenerse de la funda para empujarse hacia afuera. El bebé saldrá en cuanto se haya acabado el resto del saco de yema.

4 CRÍA DE DOS MESES

A los diez meses, el joven pejegato hinchado –de 6 pulg (15 cm) de largo– abandona la funda del huevo. Éste es un momento vulnerable en su joven vida, pues lo rodean muchos depredadores. Su color moteado lo oculta en el lecho del mar. Puede también encerrarse en un escondite e hincharse.

ía de pejegato dos meses

Crías vivas

La mayoría de los tiburones paren crías vivas en lugar de poner huevos. Casi todos son ovovíparos y producen grandes huevos de yema que mantienen en el útero materno. La cría en desarrollo, o embrión, se alimenta del saco de yema pegado a su vientre. Cuando éste se agota, la cría está lista para nacer. En algunas especies de tiburón, las primeras crías que se desarrollan se comen los huevos y hasta los embriones en el útero materno. En los tiburones toro bacota (págs. 24-25) y los mako, sólo uno de los jóvenes caníbales sobrevive a cada lado del doble útero, lugo de haberse comido a todos sus hermanos. Una preñez más compleja ocurre en algunos tiburones vivíparos, como el limón (págs. 24-25), la tintorera y el toro, así como el martillo (págs. 42-43), en donde la alimentación por la sangre de la madre pasa de la placenta al embrión por el cordón umbilical. Así se desarrollan los embriones humanos, como también los de otros mamíferos de placenta, como los perros y los delfines.

MADRE E HIJO
Los bebés humanos necesitan cuidados durante muchos años, pero las crías de tiburón no tienen tanta suerte. Deben buscar alimento apenas nacidos.

CÓMO NACE UN TIBURÓN LIMÓN
(1) La cola de la cría es apenas visible por la cloaca de la madre (págs. 10-11). Los tiburones limón preñados se acercan a las lagunas costeras bajas protegidas por las olas para dar a luz. Los científicos que estudian tiburones en Bimini, en las Bahamas, a veces capturan tiburones hembras para sus estudios.
(2) La hembra ha empezado el parto.
(3) El científico hace de partera y ayuda a que la cría pase fuera del canal de nacimiento de la madre.

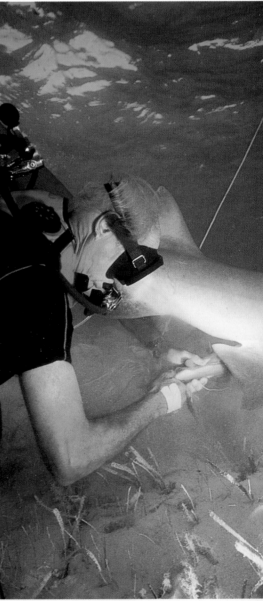

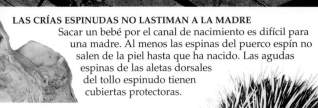

CRÍAS DE MARTILLO
Los martillo paren crías que son pequeñas réplicas de sus padres. En cada camada pueden nacer 40 crías, con las proyecciones de la cabeza dobladas. En el útero cada cría está conectada a la madre por un cordón umbilical.

ELEFANTE AFRICANO BEBÉ
Un elefante bebé tarda 22 meses en desarrollarse en el seno materno, el periodo de gestación más largo de todos los mamíferos. Ese largo periodo no es sorprendente ya que el bebé pesa más de 220 libras (100 k) al nacer. Algunos tiburones tienen un periodo de gestación de nueve meses, como los humanos, aunque el tollo espinudo, como el elefante, tarda de 18 a 24 meses en nacer.

LAS CRÍAS ESPINUDAS NO LASTIMAN A LA MADRE
Sacar un bebé por el canal de nacimiento es difícil para una madre. Al menos las espinas del puerco espín no salen de la piel hasta que ha nacido. Las agudas espinas de las aletas dorsales del tollo espinudo tienen cubiertas protectoras.

CRÍAS DEL TIBURÓN ZORRO
Las crías de grandes ojos del tiburón zorro se desarrollan en el útero y se comen los huevos no fecundados. Las crías tiene la cola larga, igual que sus padres.

(4) Cría de tiburón limón, una de hasta 17, todavía unida a la madre por el cordón umbilical. El animal llega a los 10 pies (3 m) de largo, pero sus crías son de 24 pulg (60 cm). (5) La cría reposará un tiempo en el lecho marino, luego se alejará al romper el cordón umbilical. (6) Ahora enfrentará la vida y buscará la protección de las raíces de un mangle para huir de sus depredadores, como tiburones más grandes y barracudas. Durante años estará en un área reducida en los bajos de la laguna, cerca de donde nació. Luego hará cortos viajes de exploración a los arrecifes de coral hasta que pase más tiempo fuera.

6

4

5

Dientes y dieta

LOS TIBURONES PIERDEN LOS dientes continuamente. Cuando los frontales se gastan son sustituidos por nuevos que crecen atrás de ellos. Un tiburón puede tener miles de dientes durante s vida. Animales como los elefantes y la focas no mudan dientes y mueren cuando se les gastan. Al crecer el tiburo los dientes nuevos son más grandes qu los viejos, y son de distintas formas, se el tipo de alimento que coman. Los que son como púas pequeñas sujetan presa pequeñas. Los aserrados cortan. Los la y curvos sujetan peces resbalosos. Los romos rompen moluscos. Algunas especies, como el tiburón peregrino y e ballena, los tienen pequeños si se los compara con el tamaño del animal; aunque, claro, no los usan para comer, sino para filtrar alimento del agua. Algunos tiburones producen dientes de diferente forma al envejecer.

Pequeños dientes del peregrino

Rastrillos branquiales

BOCA ABIERTA
Los tiburones peregrino nadan con las fauces abiertas para cazar camarones y otras criaturas llamadas plancton, que viven en el mar. La comida queda atrapada en las filas de cerdas llamadas rastrillos branquiales al pasar el agua por la boca y salir por las hendiduras. Cada invierno, cuando disminuye la comida, mudan de rastrillos. En primavera le crecen unos nuevos y el tiburón peregrino puede volver a comer.

¿QUÉ COME EL TIBURÓN DE HOMBRERAS?
El tiburón de hombreras habita los arrecifes de coral en el suroeste del océano Pacífico, alrededor de Australia y Papúa Nueva Guinea. Crece 3.3 pies (1 m) de largo y se desliza por el fondo con sus aletas pectorales en busca de pececillos, cang rejos y otras criaturas.

SONRÍA, POR FAVOR
Los pejegato (ar., d.) del Pacífico oriental tienen boca grande para sus 3.3 pies (1 m) de largo. Con los dientes pequeños comen peces espinosos que capturan de noche cuando éstos descansan en el lecho del mar. Sólo se ven las filas de pequeños dientes frontales del Port Jackson (ab., d.) cuando abre la boca. Al fondo de sus fauces tienen dientes fuertes y planos para romper conchas.

Tiburón de hombreras comiendo

DIETA CRUJIENTE
Los Port Jackson tienen dientes chicos y puntiagudos para coger la presa. Los traseros, duros y planos, pueden romper conchas de cangrejo, mejillones (d.) y erizos de mar (ab., d.).

Corte de una quijada de Port Jackson

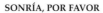

Boca de u tiburón hinchad

Boca de u Port Jackso

FAUCE DE TIGRE
El tiburón tigre surca las aguas tibias de islas y continentes, y a menudo se acerca de noche a la costa para comer.

LO MEJOR PARA COMER
El tiburón tigre tiene dientes para todo. Los puntiagudos paralizan a la presa y los aserrados del fondo la cortan. Los dientes son fuertes y pueden romper los huesos y el caparazón de una tortuga. Si se rompen, los reemplazan otros de una fila de atrás.

...NÚ ...ARIO
...tiburón ...re come todo, ...de blandas medusas ...sta duras tortugas de concha. No teme las púas de la ...edusa ni el veneno de la serpiente marina, que también le ...sta. Las aves marinas no están a salvo, ya que el tiburón ...re las atrapa en la ...perficie. También ...me cadáveres de ...imales terrestres ...mo pollos, perros, ...allos y vacas que ...yan sido arrastrados ...mar. En su estómago ...han hallado latas, ...rbón y bolsas de ...ástico. En ocasiones ...ca a la gente.

Tortuga de mar

Medusa

FAUCES
Las del un tiburón tigre están débilmente unidas por ligamentos y músculos al esqueleto, para que puedan abrirse. Si come algo grande, mueve la cabeza de atrás a adelante para arrancar trozos.

PLATO DEL DÍA
El tigre arenero come diversos peces espinosos (i.), langosta, tiburones chicos y rayas.

Lisa

Langosta

TIBURÓN DE DIENTES GASTADOS
El tiburón toro bacota, llamado tiburón de dientes rotos, en Sudáfrica, y nodriza gris, en Australia, alcanza 10 pies (3 m) de largo. Sus dientes, más pequeños hacia los lados del hocico, le permiten coger peces o calamares. Se ve feroz, pero sólo ataca si lo provocan.

GARRAS

Garra
Antena
Cabeza

Placa torácica o sección del cuerpo

Abdomen

Este copépodo, de 0.75 pulg (19 mm) de largo, clava sus agudas garras en la piel de un tiburón peregrino. Come secreciones de piel y sangre. Los peregrino, infestados por parásitos, se irritan y hasta saltan del agua para liberarse de ellos.

BÁLANOS A BORDO

Esta bola de aspecto extraño es un bálano, pariente de los que hay en la costa. En el mar, la larva o cría del bálano se pega a la aleta dorsal de los cazones. La raíz o tallo de este bálano de 1 pulg (26 mm) de largo tiene radículas que absorben nutrimentos del tiburón.

Concha suave
Raíz
Radícula para absorber comida

Hembra   Macho

COLGAJOS

Estos pequeños crustáceos o copépodos (0.5 pulg de largo, 13 mm) tienen almohadillas adhesivas para pegarse a las aletas del tiburón. Comen secreciones de la piel.

¿Amigo o enemigo?

AL IGUAL QUE MUCHOS ANIMALES, los tiburones tienen varios pequeños amigos y enemigos que les gusta vivir encima o dentro de ellos. Las rémoras se aprovechan para viajar sobre ellos. Se pegan al tiburón con ventosas en su cabeza, pero pueden nadar bien por ellas mismas o montarse en la estela que produce un tiburón que nada con fuerza. Otros peces, llamados piloto, también nadan con ellos y van sobre su estela. Los parásitos dañan a los tiburones al alimentarse de su piel y sangre, incluso viven dentro de ellos. Pueden molestarlo, pero rara vez lo matan. Algunos, como la tenia, tienen complicados ciclos de vidaque pasa por diferentes animales hasta llegar a infectar a los tiburones.

DIENTES LIMPI
Otros animales tar
tienen amigos. U
pájaro limpia l
dientes al cocodri
halla algo que co

BANDEROLAS

Los copépodos cuelgan de las aletas dorsales de este mako (ar.) y tienen fundas de huevos flotando tras ellos. Cada una de estas fundas contiene un grupo de huevos en forma de disco de donde salen sus larvas. Éstas vagan por el mar, pasando varias etapas de crecimiento hasta que pueden pegarse a un tiburón.

ESTRECH
UNI
Los chupadores
tiburones o rémoras
habitan los mares tropical
Cada uno tiene una cresta de chup
en la punta de la cabeza que usa pa
pegarse a tiburones y rayas. Las rémor
agradecen el viaje gratis, comiéndose los parásitos de
piel. Pueden también comer las sobras de comida y hast
placenta, cuando un tiburón pare (a

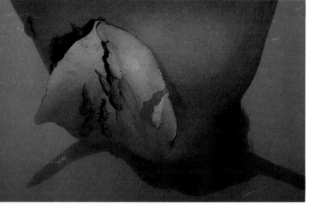

CASA MÓVIL
Los tiburones ballena (foto gde.) son tan grandes que tienen espacio para muchas rémoras. Algunas se reúnen alrededor de la boca, y hasta nadan dentro de la cavidad bucal y las agallas, alimentándose de parásitos; otras están junto a la cloaca de un tiburón hembra (ar.). Viajan colgadas del huésped o nadan sobre la estela que produce.

GUSANOS Y MÁS GUSANOS
Cientos de tenias de 1 pie (30 cm) pueden vivir en los intestinos de un tiburón y absorber comida, sujetas con sus tentáculos espinosos. Expulsan huevos al mar, que empollan cuando los come un copépodo. El gusano pasa a un pez espinoso cuando éste se come al copépodo, y luego a un tiburón cuando se come al pez.

Ancla que se mete en la superficie del ojo

Brazo

Cabeza

Tronco

Bolsa de huevos, con miles de huevos

Tentáculo

Cabeza

Cuerpo

OJO ESPÍA
Este raro copépodo se cuelga del ojo de un tiburón de Groenlandia. El parásito, de 1.2 pulg (31 mm) de largo, hace que el tiburón de 20 pies (6 m) vea mal. Se alimenta con tejidos del ojo, pero ya ahí, es difícil que se vaya.

PEZ PILOTO
Jóvenes peces dorados del Pacífico nadan con peces más grandes, incluso tiburones. Aunque se les llam a peces piloto, no guían a los tiburones a la comida, pero les gusta nadar con peces grandes. También obtienen protección porque a otros peces no les gusta la cercanía del tiburón. Los piloto son demasiado ágiles para dejarse comer.

NAVEGACIÓN EXPERTA
Botes piloto guían un barco al puerto, pero los tiburones tienen los propios (págs. 18–19).

El gran tiburón blanco

Poderoso depredador, el gran blanco inspira temor. Este temible tiburón crece hasta más de 20 pies (6 m) y pesa más de 2 toneladas. Es el mayor de los tiburones depredadores, capaz de comerse un león marino entero. El gran blanco se hizo famoso en las películas Tiburón donde aparece con instintos sanguinarios, sediento de carne humana. Los ataques (págs. 48–49) a la gente son raros, y es posible que ocurran cuando un tiburón confunde a una persona con su presa usual. A pesar de su fama, se sabe poco del gran blanco porque se le ve rara vez. Los científicos tienen que averiguar en dónde se aparea y nace, y la edad a la que se reproduce o muere. No se sabe cuántos hay, pero en algunos océanos quizá están disminuyendo.

ENCALLADO
Este antiguo grabado de un gran blanco encallado en la costa mediterránea de Francia muestra cómo en aquella época a la gente también le fascinaban los tiburones. A menos que tuvieran la suerte de verlos, los artistas se basaban en descripciones para dibujarlos, ya que no había fotografías. Hay varia inexacttudes en este grabado: el artista le puso al gran blanco una cola de tiburón zorro y cubiertas en las branquias, como en los peces espinosos, así como ranuras branquiales.

Aleta dorsal

Pequeña aleta dorsal, comparada con la primera aleta dorsal

Aleta pélvica

Vista frontal de una maqueta de un gran blanco

Hocico grande

Quilla natatoria

Lóbulos superior e inferior de la aleta caudal casi simétricos (págs. 16–17)

Aleta anal relativamente chica

Gancho

SANGRE CALIENTE
El gran blanco y sus parientes --mako, zorro y marrajo– son de sangre caliente, lo que significa que su temperatura corporal es más alta que la del agua circundante. Sólo los mamíferos, las aves y algunos peces, como el atún, son de sangre caliente. Éstos tiburones tienen vasos sanguíneos en los músculos, en redes complejas, para que la sangre caliente que sale de los músculos caliente la que va de las branquias (págs. 10-11). La alta temperatura corporal significa que el gran blanco tiene músculos que lo hacen actuar con rapidez, algo importante para un depredador que se lanza a gran velocidad tras su presa. Su sangre caliente quizá lo ayude a digerir con más rapidez. Los científicos creen que tras una gran comilona el gran blanco puede pasar tres meses sin comer.

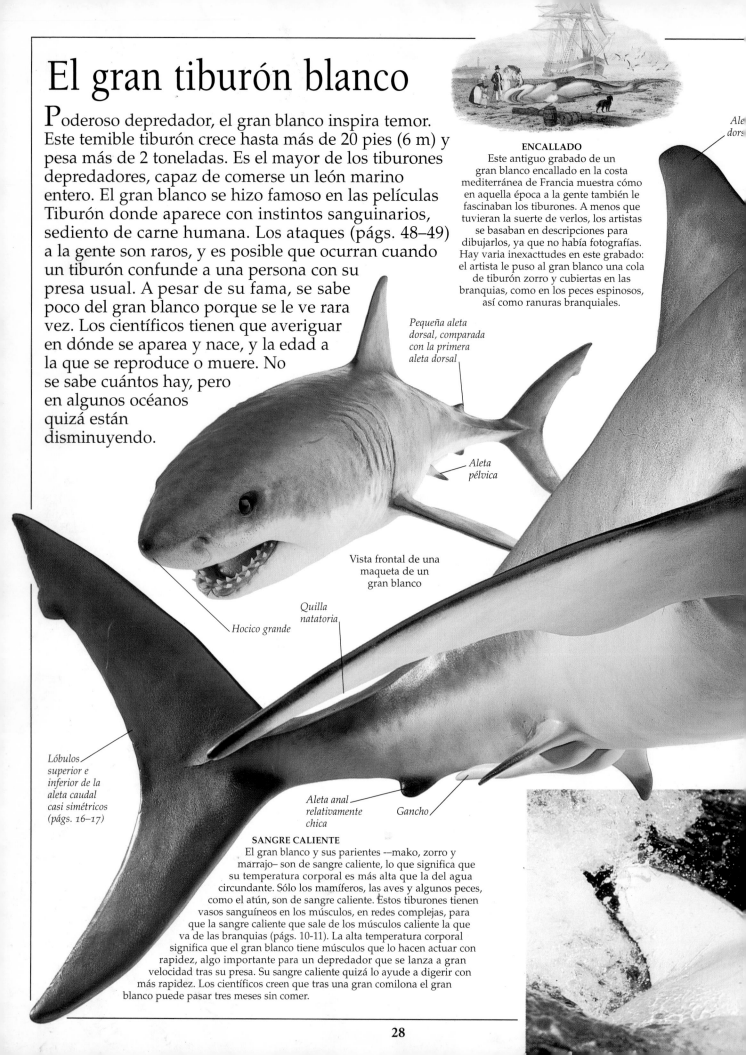

Poro señalando las ampollas de Lorenzini, órganos sensoriales que detectan los campos eléctricos de la presa (págs. 18–19)

ran ranura anquial, a de cinco

Dientes filosos y aserrados

MUERTE BLANCA
La coloración de un gran blanco lo hacen difícil de distinguir en el agua, así que le es fácil esconderse de sus víctimas. Visto desde abajo, los costados blanquecinos del tiburón se confunden con el reflejo de un cielo brillante en la superficie de agua. Este espléndido tiburón es a veces llamado "puntero blanco", refiriéndose a su puntiagudo hocico que lo hace más aerodinámico. Los grandes blancos tienen con frecuencia arañazos y cicatrices en el hocico que pueden ser causados por la lucha con sus presas, aunque también puede tratarse de marcas de mordeduras de miembros de su misma especie, que se acercan para arrebatarle presas.

Aleta pectoral

Vista lateral de una maqueta de un gran tiburón blanco macho

PICANDO EL ANZUELO
Científicos y cineastas usan cebo (mezcla de aceite, sangre y carne de caballo, atún y macarela) y carnada para atraer al gran blanco. Éste es uno de los pocos tiburones que saca la cabeza del agua antes y, a veces, durante el ataque a una presa. Al coger la carnada, giran los ojos en la cuenca mostrando la parte blanca del globo ocular. Esto protege la vital parte frontal del ojo de un posible rasguño si está atacando una presa viva, como una foca armada de garras y dientes.

ETIQUETANDO UN GRAN BLANCO
El Dr. John McCosker, ictiólogo norteamericano, etiqueta a un gran blanco en Australia (primera foto). Las etiquetas sónicas revelan que viajan a 1.8 mph (3 km/h) cerca de 120 millas (200 km), en tres días (ar.).

Continúa en la siguiente página

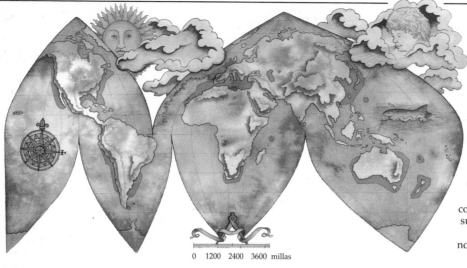

Distribución
del gran
tiburón blanco

GRAN MORDEDURA
El gran blanco saca la
mandíbula superior
adelante y levanta el
hocico (d.) para coger un
trozo de carne. Este tiburón
debe estar acostumbrado a
comer de una cuerda, porque
sus ojos miran de frente y no
giran hacia atrás, como es
normal al atacar presas vivas.

La dieta del gran blanco

El gran tiburón blanco vive en aguas frescas y cálidas
de las Américas, del norte y sur de África, del
Mediterráneo, de Japón, de China, de Corea, de
Australia y de Nueva Zelandia. A veces aparece
cerca de algunas islas del océano Pacífico medio y
del Atlántico. Se le ve con frecuencia cerca de
colonias de focas, donde caza adultos y jóvenes,
pero sólo unos cuantos tiburones parecen cazar
en una sola área. Cuando ataca a una foca,
se acerca sin ser visto por debajo, le da un
mordisco y se retira por un momento. La presa se
debilita por la pérdida de sangre y el *shock*, así que el
tiburón puede darle fin con más facilidad. La dieta del
gran blanco cambia al crecer. Un joven de 7 a 10 pies (2
a 3 m) de largo come peces, y un viejo de 13 pies (4 m)
ataca presas mayores, como focas y leones marinos.

EN EL MENÚ
El gran blanco come varios animales: peces espinosos, otros
tiburones, aves marinas, mamíferos de mar (focas y delfines) y,
en ocasiones, ¡gente! Son también carroñeros y comen cadáveres
de ballena y de otros animales. A menos que se
le sorprenda comiendo, es difícil saber
si los restos en su estómago son de
presas vivas o cadáveres.

Buzo para
la cena

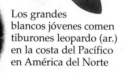

Los grandes
blancos jóvenes comen
tiburones leopardo (ar.)
en la costa del Pacífico
en América del Norte

TIGRE SUPERIOR
El tigre y el gran tiburón
blanco son los depredadores
máximos de tierra y mares,
respectivamente. Ningún animal
los come ya adultos, aunque sean muertos
por el hombre. Y a veces comen gente.

Se han hallado restos de
pingüinos bobos con marcas
de dientes de
gran blanco

Los peces espinosos,
como el cabezón (ar.),
son presa de los
grandes blancos jóvenes
de América del Norte

Los grandes blancos
adultos comen leones
marinos de California

Los elefantes marinos
jóvenes (ar.) son presa fácil

0 1200 2400 3600 millas

Gigantes amigables

BALLENAS JOROBADAS
El tiburón ballena se llama como ese otro gigante marino, la ballena, que no es pez, sino mamífero.

EL TIBURÓN BALLENA es el pez más grande: alcanza al menos 40 pies (12 m) de largo y un peso de 13 toneladas, casi igual que una ballena gris adulta. Estos dóciles e inofensivos tiburones permiten a los buzos pasear colgados de sus aletas, con el único riesgo de rasparse con su áspera piel o sufrir golpes accidentales cuando la gran cola se mueve de un lado a otro. Navegan a 1.8 mph (3 km/h), a veces cerca de la superficie. Por ser tan grandes, han sido atropellados por barcos. Viven en aguas tropicales cálidas donde hay abundante comida, que filtra del agua, para mantener su pesado cuerpo. Pone enormes huevos de 14 pulg (30 cm) o pare crías vivas que salen de huevos en su interior (págs. 20–23).

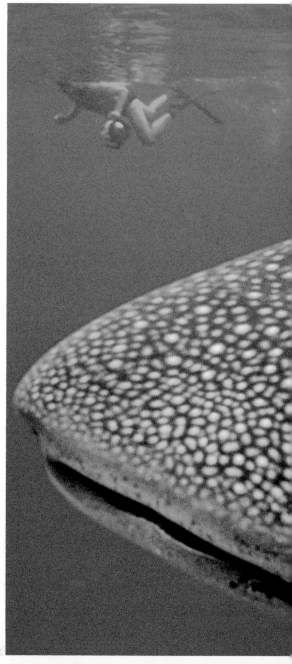

Distribución del tiburón ballena

NO UNA GRAN MORDIDA
El tiburón ballena no muerde ni mastica, por lo que no necesita sus dientes (no mayores que una cabeza de cerillo).

AL DENTISTA
La gente usa los dientes para masticar. Si se extraen, deben ser sustituidos por dientes falsos.

UN GRAN BOCADO
A pesar de su tamaño, el tiburón ballena se alimenta de plancton (pequeños animales que flotan en el mar), peces pequeños y calamar. Otros peces grandes, como el tiburón peregrino (págs. 34–35), la mantarraya (págs. 8–9) y la ballena de barba, también filtran comida del agua. El tiburón ballena recoge agua con su enorme boca y, al pasar ésta por sus agallas y salir por las ranuras de sus branquias, retiene la comida con filtros sujetos a las branquias. Estos filtros son una malla de tejidos sostenidos por varillas de cartílago. A veces comen peces mayores, como macarela y atún, que pasan entre cardúmenes de peces pequeños. Pueden comer en posición vertical: sacan la cabeza del agua y se sumergen para meter peces grandes en sus fauces.

El tiburón bambú
de manchas blancas
crece hasta 37 pulg
(95 cm) de largo

Aleta anal

El tiburón bambú de rayas
marrón crece hasta
3.3 pies (1 m).

El tiburón nodriza crece
hasta 10 pies (3 m)

UNA ENORME FAMILIA FELIZ
Aunque mucho más chicos, estos cuatro
tiburones (bambúes de manchas blancas
y rayas marrón, nodriza y de hombreras)
son del mismo grupo que el tiburón
ballena. El rasgo común es la presencia de
una aleta anal y la posición de las fauces
muy al frente de los ojos. Tienen también
dos barbillas en la punta del hocico para
buscar comida. A diferencia del ballena,
estos pequeños viven en el lecho del mar.

Barbilla

El tiburón de hombreras crece más de 3.3 pies (1 m)

Bellezas peregrinas

Navegando con su gran boca abierta, el tiburón peregrino es como un gigantesco cedazo móvil que filtra incontables criaturas diminutas como alimento. Este tiburón es el segundo pez más grande del mundo, después del tiburón ballena (págs. 32–33), y crece hasta 33 pies (10 m) de largo y pesa más de 3.9 toneladas. A menudo nada en la superficie en días soleados, con las aletas dorsales, incluso el hocico, fuera del agua. Quizá prefiera la concentración de alimento en la superficie a asolearse. Por desgracia, allí es blanco fácil de los pescadores que lo cazan con arpón por el aceite de su enorme hígado, que corresponde a una cuarta parte de su peso. También es cazado porque daña las redes de salmón. Preocupa que se le cace en exceso, pues se sabe poco de su población, a dónde viaja y cómo se reproduce (págs. 20–23).

PESCA DE TIBURÓN
En la isla Achill, frente a Irlanda, se atrapaban tiburones peregrino en una bahía y se les mataba con lanza. La pesca se detuvo al disminuir el número de visitantes que entraba en la bahía.

Ojo

Orificio nasal

Arco branquial: el agua pasa a través y luego por un cedazo de rastrillos branquiales antes de fluir sobre las agallas y salir por las ranuras.

BOCA ACEITOSA
En cosméticos, como el lápiz labial, se usa aceite de hígado de tiburón.

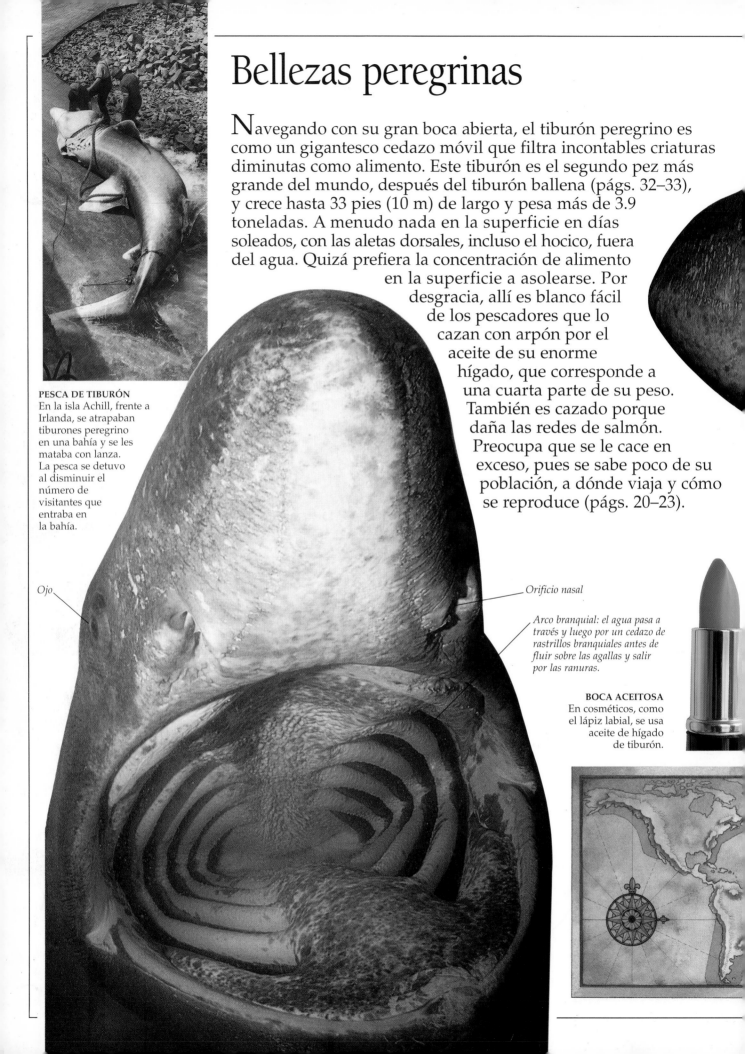

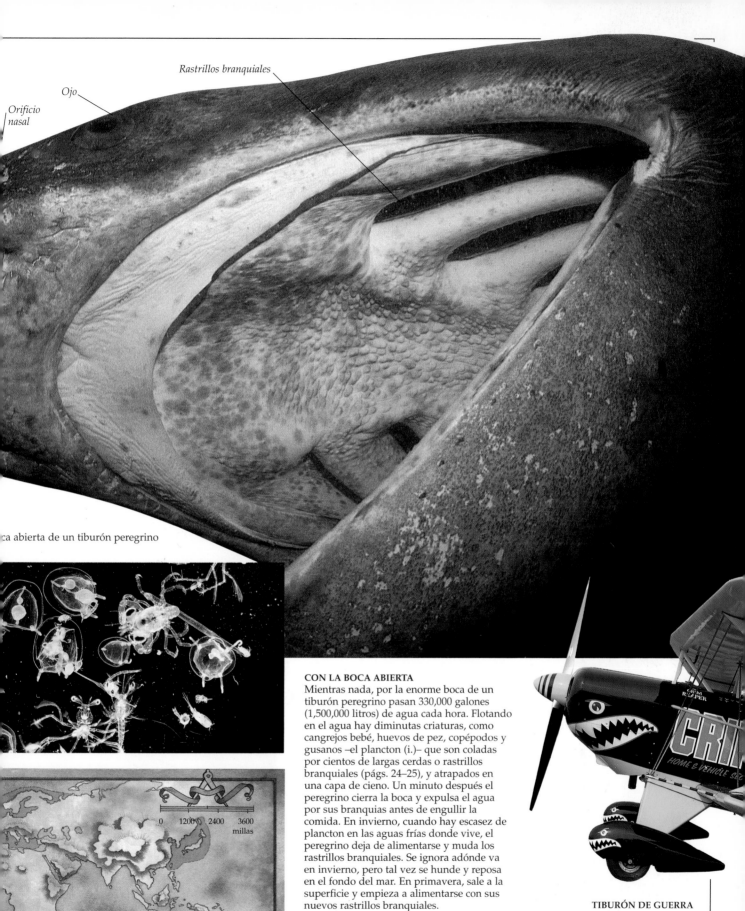

Orificio nasal

Ojo

Rastrillos branquiales

Boca abierta de un tiburón peregrino

CON LA BOCA ABIERTA

Mientras nada, por la enorme boca de un tiburón peregrino pasan 330,000 galones (1,500,000 litros) de agua cada hora. Flotando en el agua hay diminutas criaturas, como cangrejos bebé, huevos de pez, copépodos y gusanos –el plancton (i.)– que son coladas por cientos de largas cerdas o rastrillos branquiales (págs. 24–25), y atrapados en una capa de cieno. Un minuto después el peregrino cierra la boca y expulsa el agua por sus branquias antes de engullir la comida. En invierno, cuando hay escasez de plancton en las aguas frías donde vive, el peregrino deja de alimentarse y muda los rastrillos branquiales. Se ignora adónde va en invierno, pero tal vez se hunde y reposa en el fondo del mar. En primavera, sale a la superficie y empieza a alimentarse con sus nuevos rastrillos branquiales.

0   1200   2400   3600
millas

Distribución del tiburón peregrino

TIBURÓN DE GUERRA

Este biplano está decorado con dientes de tiburón. Algunos aviones de combate se adornan con tiburones para intimidar al enemigo: la Fuerza Aérea de EE.UU. los tenía en los Curtiss P-40 Warhawk, en distintos frentes durante la Segunda Guerra Mundial.

Tiburón angelote

Imagina lo que ocurriría si una aplanadora pasara sobre un tiburón de forma común: el resultado sería un tiburón angelote. Estos raros tiburones aplanados tienen aletas pectorales extra grandes que parecen alas de ángel. Los angelotes pasan gran parte de su vida descansando en el lecho marino o en espera de que algunos peces o moluscos estén al alcance de sus mandíbulas de dientes cortantes. También pueden nadar, usando la cola para impulsarse. Los tiburones angelote son más activos durante la noche y pueden viajar en ese lapso hasta 5.5 millas (9 km). Hay 13 especies de angelote que viven en aguas costeras bajas y en profundidades de más de 3,300 pies (1,000 m).

PEZ MONJE
Desde el siglo XVI se ha llamado a los tiburones angelote "pez monje", debido a la forma de la cabeza que parece la capucha de un hábito.

El lóbulo bajo de cola, o aleta caudal, es mayor al lóbulo superior, un rasgo de los tiburones angelote

Segunda aleta dorsal

0   1200   2400   3600 millas

Distribución del tiburón angelote

Aleta pélvica

Primera aleta dorsal

Ranura branquial

Hocico

Ojo

Espiráculo

PARECIDOS
Las rayas (págs. 8–9) son planas como los angelote. Pero, a diferencia de éstos, sus aletas pectorales están pegadas a la cabeza y las ranuras branquiales, abajo del cuerpo.

Aleta pélvica

Vista inferior de la raya

Aleta pectoral

Vista superior de una raya

ANGELOTES
Este tiburón angelote crece casi 6.5 pies (2 m) de largo. Se le halla en los mares Mediterráneo y Báltico, y en el Canal de la Mancha, a profundidades de hasta 490 pies (150 m). Como todos ellos, tiene los ojos en lo alto de la cabeza para ver cuando reposa en el fondo. Respira aspirando agua por sus grandes espiráculos, que también están sobre la cabeza. Esta agua tiene menos limo, el cual taparía sus branquias, que la que toma por el hocico.

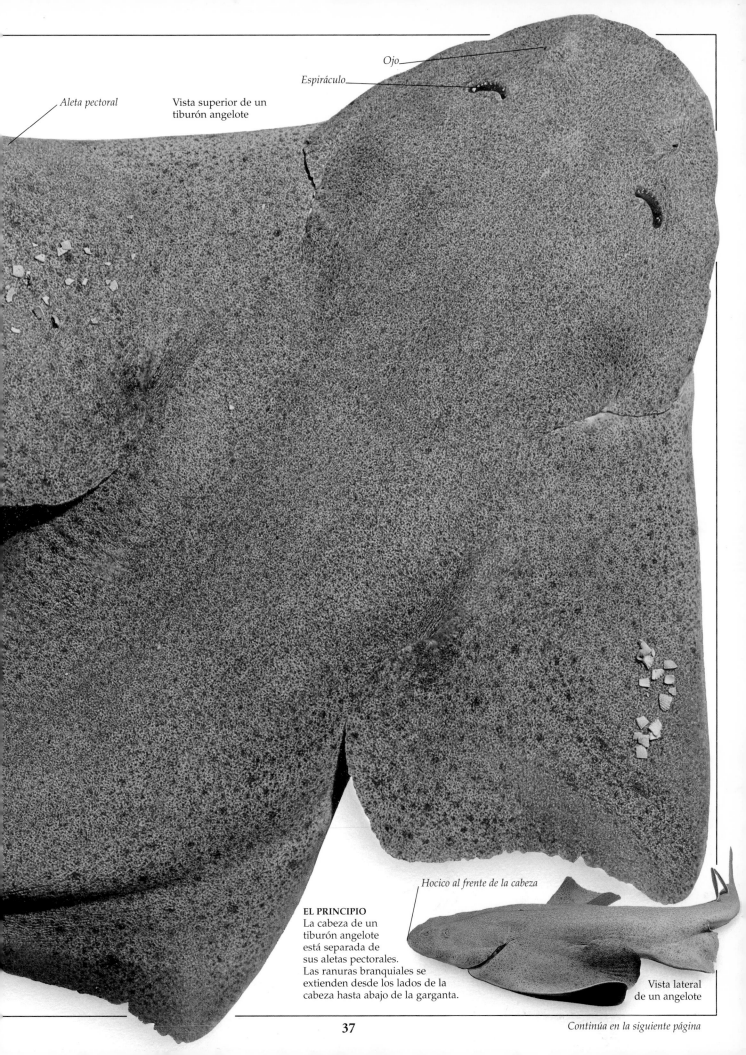

Ojo

Espiráculo

Aleta pectoral

Vista superior de un
tiburón angelote

EL PRINCIPIO
La cabeza de un
tiburón angelote
está separada de
sus aletas pectorales.
Las ranuras branquiales se
extienden desde los lados de la
cabeza hasta abajo de la garganta.

Hocico al frente de la cabeza

Vista lateral
de un angelote

Continúa en la siguiente página

Tapicero japonés

Lóbulo

Barbilla

TAPICERO ORIENTAL
Vive en las costas de Japón, China, Vietnam, Filipinas y Corea, en el Pacífico occidental. Crece hasta 3.3 pies (1 m). En general, no es agresivo, pero muerde si lo pisan por accidente, ya que tienen dificutades para ver. Los pescadores también son mordidos por tapiceros atrapados en las redes.

Tiburón clandestino

A los tiburones que viven en el lecho del mar les gusta ocultarse. Los colores y los dibujos de la piel les ayudan a esconderse, como el tapicero, el pejegato y el angelote, que se confunden con su entorno. Tienen manchas o rayas que los hacen difíciles de ver en la arena, las rocas, las algas o los corales. El tapicero tiene un disfraz elaborado, con la piel manchada y lóbulos en la cabeza que lo hacen parecer ramas de alga. Otros, como el pejegato hinchado, se ocultan en rendijas y el angelote se cubre de arena. ¿Por qué hacerlo si son tiburones de dientes filosos? A menudo esperan a que una presa, como peces o cangrejos, se acerque para capturarla. El ocultarse también ayuda a los tiburones pequeños a evitar ser comidos por los depredadores grandes.

AHORA ME VES, AHORA NO ME VES
Es difícil ver a los tiburones angelote (págs. 36–37) cuando yacen e el lecho del mar porque son planos y su piel manchada parece arena (ar., i.). Para completar su estupendo disfraz, l angelote mueven las aletas pectorales par enterrarse en la aren (c., i.). Ocultos en ur capa de arena, sacar los ojos por arriba (ab., i.), en espera de que un pez nade por ahí. Cuando un pez se acerca, el angelote se lanza sobre él y l atrapa con las mandíbulas. Si acercan buzos, quizá abandone escondite y se alej Los angelote se pesc con redes lanzadas a fondo del mar.

TIBURÓN AUSTRALIANO BARBADO
La ornamentada barba de este tapicero tiene muchos lóbulos en el hocico, que las presas (peces y camarones) pueden confundir con algas y terminar siendo comidas.

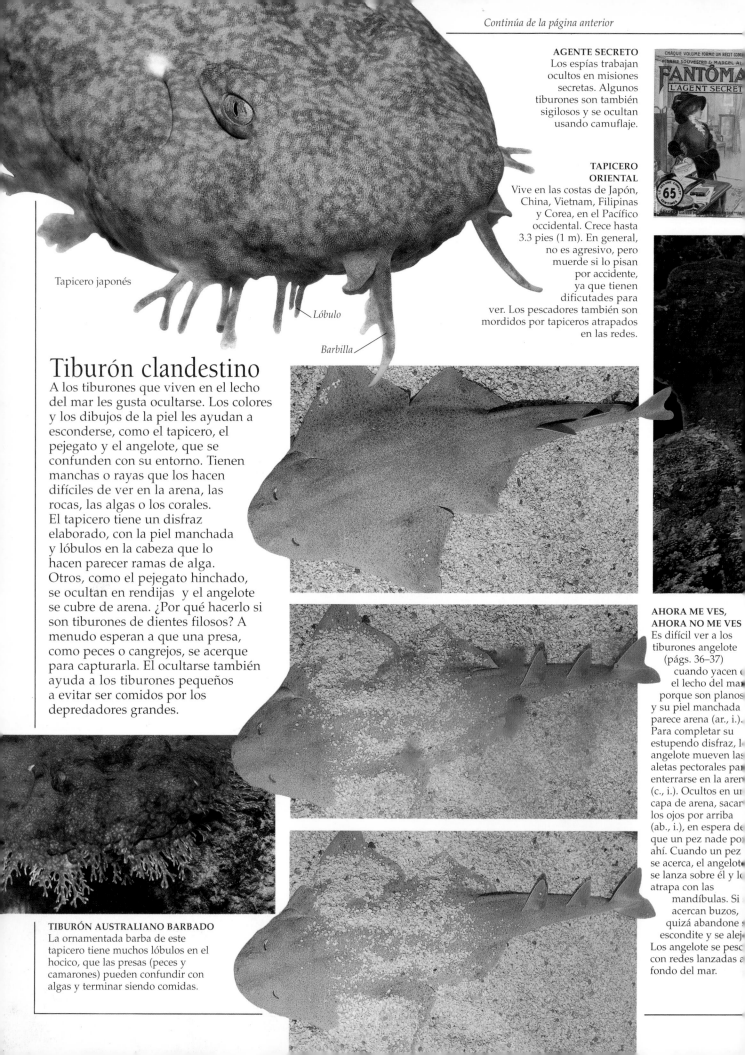

INSTANTÁNEAS
Como en las fichas de los delincuentes, este tapicero ornamentado se ve bajo ángulos diferentes, de arriba (ar., i.) y de perfil (ab:, i.). Su disfraz funciona igual de bien desde cualquier ángulo. Aborígenes de Australia le dieron a este tiburón su nombre en inglés: wobbegong.

Quizá los depredadores no vean a este pejegato camuflado. Pero, si lo atacan, se hincha con agua y se oculta en una grieta.

¿Y EL TAPICERO ORNAMENTADO?
Entre las seis especies de tapicero, éste tiene la mayor cantidad de lóbulos ramificados, o borlas, en la cabeza. La barba le cubre el hocico y la quijada.

Tapicero ornamentado

Barbilla

VIDA EN EL LECHO MARINO
Los tapicero pasan mucho tiempo en el fondo del mar en los bajos o en lechos de roca. Planos, con ojos y espiráculos encima de la cabeza, como los angelote, tienen una aleta anal, que aquéllos no tienen. Los lóbulos son extensiones de piel. Las barbillas o bigotes que tiene el tapicero en el hocico redondeado, lo hace confundirse con las algas.

Lóbulo

Tiburón cornudo

Los tiburones cornudos se llaman así por dos espinas que tienen en el dorso, cerca de la aleta dorsal, que parecen pequeños cuernos. También se les llama cabeza de toro por tener cabezas grandes con crestas en los ojos. La forma de la cabeza y la aleta anal los diferencian del cazón espinoso, que tiene también espinas dorsales. Hay ocho especies de cornudo. Todas miden menos de 5 pies (1.5 m) de largo y se ven en los océanos Pacífico e Índico, donde viven en el fondo del mar en aguas poco profundas. Nadan con suaves golpes de la cola y se empujan por el fondo con las aletas pectorales. El Port Jackson australiano puede viajar largas distancias de hasta 510 millas (850 km) para visitar sus sitios de reproducción. Siendo lentos, a los buceadores les gusta tirar de la cola de estos tiburones, pero se sabe que han mordido. Es triste que los maten por sus espinas, que se usan para hacer joyas (págs. 60–61).

La práctica con el cuerno hace al maestro

Aleta pélvica

Par de tiburones Port Jackson nadando, llamados así por una ensenada de Australia

MONTÓN DE CUERNOS
Los tiburones Port Jackson comparten con frecuencia un lugar en el lecho del mar, donde descansan durante el día. Los favoritos son los pisos arenosos de las cuevas o los canales entre las rocas que pueden protegerlos de las corrientes. Hasta 16 de ellos pueden compartir el mismo sitio de descanso. Por la noche se vuelven activos para buscar comida, como erizos y estrellas de mar.

Espina al frente de la primera aleta dorsal

Aleta caudal

Espina de la segunda aleta dorsal

Típico dibujo de manchas en la piel

Ojo

Vista lateral de un tiburón cornudo

Aleta pélvica

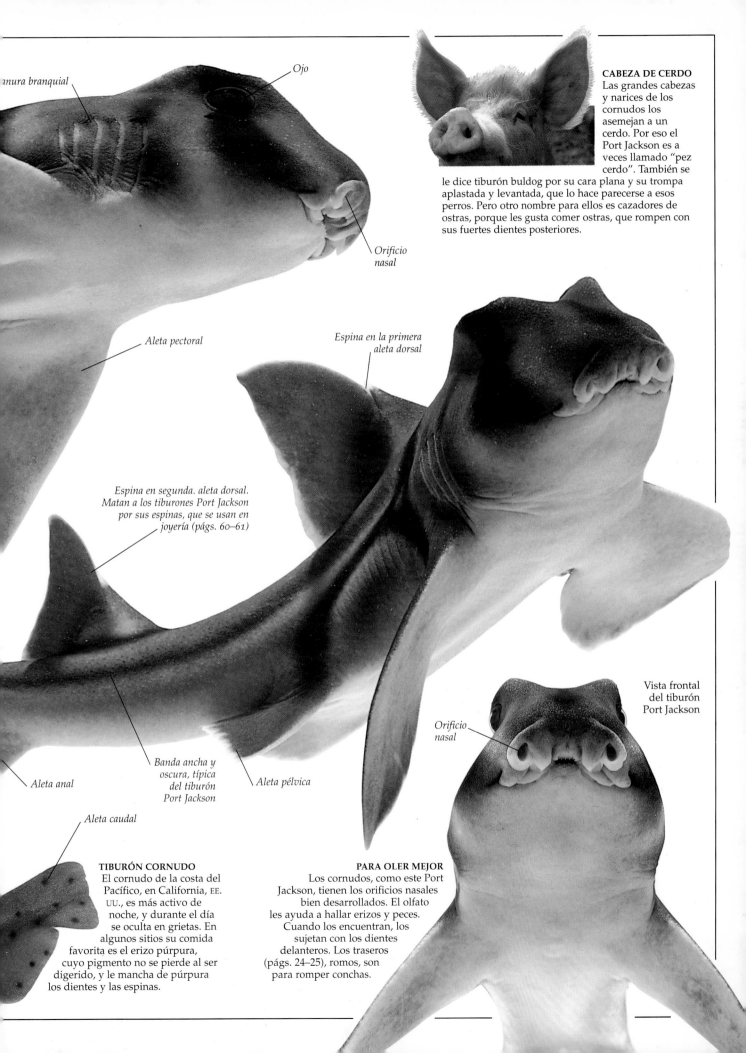

anura branquial

Ojo

Orificio nasal

CABEZA DE CERDO
Las grandes cabezas y narices de los cornudos los asemejan a un cerdo. Por eso el Port Jackson es a veces llamado "pez cerdo". También se le dice tiburón buldog por su cara plana y su trompa aplastada y levantada, que lo hace parecerse a esos perros. Pero otro nombre para ellos es cazadores de ostras, porque les gusta comer ostras, que rompen con sus fuertes dientes posteriores.

Aleta pectoral

Espina en la primera aleta dorsal

Espina en segunda. aleta dorsal. Matan a los tiburones Port Jackson por sus espinas, que se usan en joyería (págs. 60–61)

Vista frontal del tiburón Port Jackson

Orificio nasal

Aleta anal

Banda ancha y oscura, típica del tiburón Port Jackson

Aleta pélvica

Aleta caudal

TIBURÓN CORNUDO
El cornudo de la costa del Pacífico, en California, EE. UU., es más activo de noche, y durante el día se oculta en grietas. En algunos sitios su comida favorita es el erizo púrpura, cuyo pigmento no se pierde al ser digerido, y le mancha de púrpura los dientes y las espinas.

PARA OLER MEJOR
Los cornudos, como este Port Jackson, tienen los orificios nasales bien desarrollados. El olfato les ayuda a hallar erizos y peces. Cuando los encuentran, los sujetan con los dientes delanteros. Los traseros (págs. 24–25), romos, son para romper conchas.

Cabeza de martillo

Entre los tiburones, los martillo son los de cabeza más rara. Dentro de las nueve especies de martillo está el cazón pech, que sólo tiene pequeñas proyecciones de la cabeza. El martillo alado tiene la cabeza más grande, que puede ser de la mitad de su largo. La mayoría de las especies de martillo viven en aguas cálidas de la costa tropical. La cornudilla es una de las especies de martillo más comunes y aparece en aguas cálidas de todo el mundo. Grandes cardúmenes de martillo se reúnen en aguas en las que hay picos o montes submarinos. Un centenar de ellos pueden formar un cardumen nadando al unísono. Al atardecer se separan para comer (págs. 18–19) y al amanecer se reagrupan en el mismo lugar.

Distribución del tiburón martillo

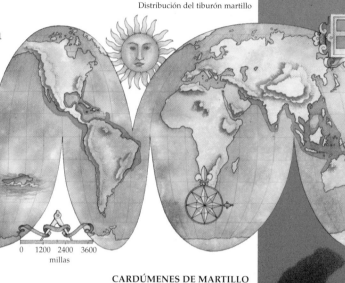

Cazón pech

Tiburón martillo alado

0   1200   2400   3600
millas

CARDÚMENES DE MARTILLO
En un cardumen hay más hembras que machos, pero no se sabe bien por qué se reúnen. Estos grandes depredadores tienen pocos enemigos y no necesitan esa protección. Las hembras compiten entre ellas (a veces empujándose) para estar al centro del cardumen. Esto puede darles más oportunidad de ser cortejadas por los machos.

DIETA DIFÍCIL
La mantarraya es la comida favorita del martillo, aunque tenga una o más espinas venenosas o "púas" en la cola. Al parecer a los martillo no les importa que los piquen: un individuo tenía cerca de cien espinas clavadas en boca y esófago.

DOS TIBURONES DISTINTOS
La comparación de la cabeza del martillo (ar.) con la de otros tiburones, como el cazón europeo (ab.), fascinó a los naturalistas.

UN BUEN COPETE
Los cazones pech son los más pequeños de los martillo, alcanzando sólo 5 pies (1.5 m) mientras que los martillo grandes crecen hasta los 19.5 pies (6 m) de largo. Es usual que naden juntos en grupos pequeños, pero a veces grandes cardúmenes de cientos de ellos se reúnen cerca de la superficie.

Primera aleta dorsal

Ranuras branquiales

Boca

Aleta pectoral

Mantarraya de mancha azul

¿POR QUÉ MARTILLO?
Nadie sabe por qué tienen la cabeza así, pero su forma les ayuda a subir el cuerpo al nadar. Estos dos (d.) difieren en que la cornudilla (i.) tiene una hendidura a mitad de la cabeza, mientras que el martillo, no.

Aleta anal

Aleta pélvica

DE FRENTE
El nadar moviendo la cabeza a los lados y sus ojos en las puntas del martillo, les da una excelente visión periférica. En la cabeza hay muchas ampollas de Lorenzini, que detectan las corrientes eléctricas de la presa (págs. 18-19).

Tiburón cornudilla

Extraño y admirable

Uno de los más extraordinarios tiburones del mundo, el bocudo no se descubrió hasta 1976. Nadie lo había visto antes, aunque tiene más de 16 pies (5 m) de largo y pesa 1,500 libras (680 kg). Desde 1976 se han hallado cinco más, incluyendo el capturado vivo en la costa de California en 1990. Los científicos le pusieron etiquetas con radio en la cola para rastrearlo (págs. 54–55). El tiburón pasó el día a 450–500 pies (135–150 m) de profundidad, comiendo kril (animales como el camarón). Al anochecer subió a 40 pies (12 m) de la superficie siguiendo al alimento y se sumergió al amanecer. Otro animal raro, el tiburón duende, se halló hace casi 100 años, pero poco se sabe de él. Varios misterios se han resuelto. Nadie sabía qué causaba las mordidas en forma de disco en ballenas, delfines y focas, hasta que se descubrió al tiburón tollo cigarro común. ¿Qué otros extraños y hermosos tiburones habrá todavía en el fondo del océano?

Sitios en donde se han hallado bocudos o megamouths

BOCA GRANDE
Bocudo o "megamouth" es un buen nombre para un tiburón con una boca de 3 pies (1 m). Este animal atrae el kril con los órganos luminosos que rodean su hocico. El primer bocudo se halló muerto a 660 pies (200 m), enredado en el ancla de un bote naval norteamericano frente a Hawai. Otro fue capturado con redes rastreras frente a California; el tercero fue arrojado por el mar y murió en una playa de Perth, Australia; un cuarto apareció muerto y un quinto vivo en la costa de Japón. El sexto se cogió vivo y se soltó frente a California.

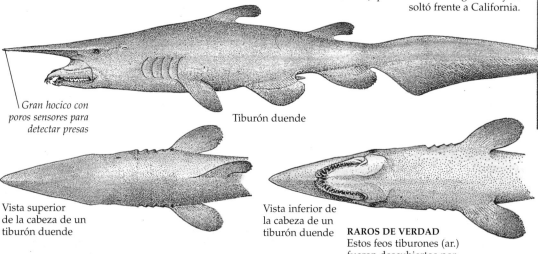

Gran hocico con poros sensores para detectar presas

Tiburón duende

Vista superior de la cabeza de un tiburón duende

Vista inferior de la cabeza de un tiburón duende

RAROS DE VERDAD
Estos feos tiburones (ar.) fueron descubiertos por científicos frente a las costas de Japón en 1898. Tienen cuerpos flácidos y más de 10 pies (3 m) de largo. Poco se sabe de estos tiburones que viven a más de 530 pies (160 m) de profundidad.

DESTELLOS EN LA OSCURIDAD
Éste es un tiburón linterna y vive en la oscura profundidad del océano. Se llama linterna por ser luminoso o que destella en la oscuridad. Es de los tiburones más pequeños: crecen sólo hasta 8 pulg (20 cm).

Distribución del tollo cigarro

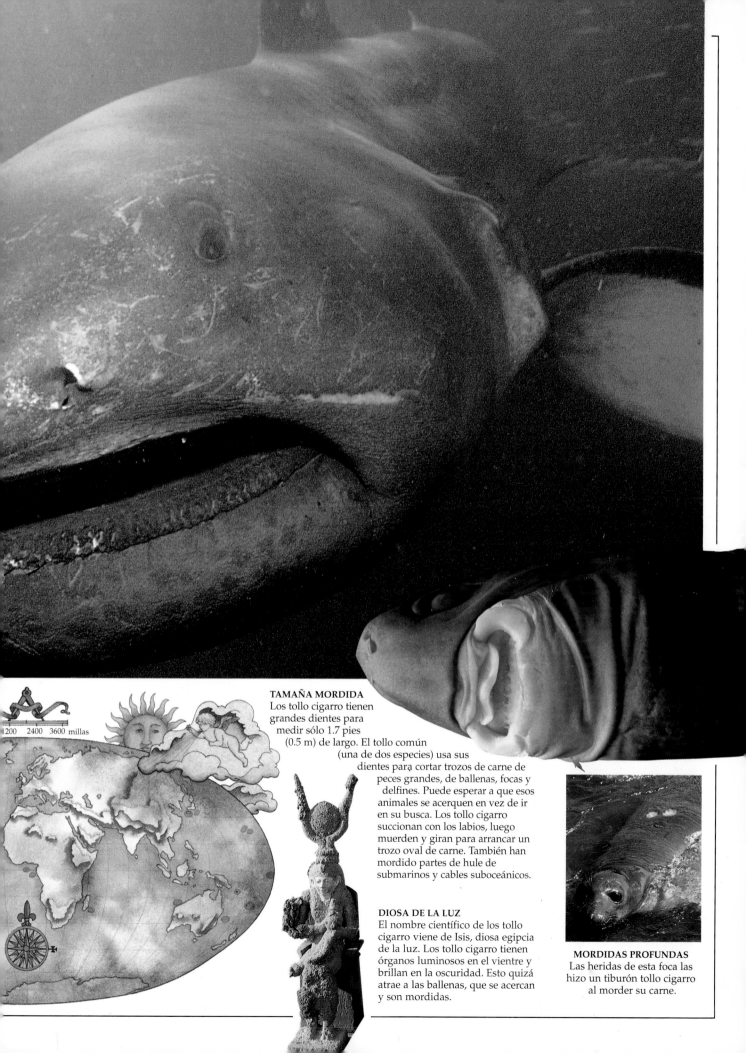

TAMAÑA MORDIDA
Los tollo cigarro tienen grandes dientes para medir sólo 1.7 pies (0.5 m) de largo. El tollo común (una de dos especies) usa sus dientes para cortar trozos de carne de peces grandes, de ballenas, focas y delfines. Puede esperar a que esos animales se acerquen en vez de ir en su busca. Los tollo cigarro succionan con los labios, luego muerden y giran para arrancar un trozo oval de carne. También han mordido partes de hule de submarinos y cables suboceánicos.

DIOSA DE LA LUZ
El nombre científico de los tollo cigarro viene de Isis, diosa egipcia de la luz. Los tollo cigarro tienen órganos luminosos en el vientre y brillan en la oscuridad. Esto quizá atrae a las ballenas, que se acercan y son mordidas.

MORDIDAS PROFUNDAS
Las heridas de esta foca las hizo un tiburón tollo cigarro al morder su carne.

Artefactos de tiburón

TRUCO DE MONO
Cabeza de mono hecha con piedras preciosas por los aztecas, en México. Tiene dientes de tiburón.

Durante siglos, gente de todo el mundo ha pescado tiburones y usado los dientes y la piel para hacer gran variedad de objetos o artefactos. Los dientes son tan filosos que los pueblos antiguos los usaban en instrumentos o armas; la piel, tan resistente que puede usarse en zapatos, empuñaduras o fundas para espadas y dagas. (págs. 60–61). Los antiguos cazadores de tiburones respetaban mucho a estos magníficos depredadores. Pescar tiburones con útiles primitivos era difícil y peligroso, y las historias y leyendas sobre tiburones eran comunes entre marinos e isleños. En algunas islas del Pacífico les rendían culto como dioses. Los europeos tienen pocos mitos sobre ellos, pero se les conoce en libros de historia natural (págs. 28–29).

Dientes aserrados y grandes, quizá de un gran blanco (págs. 28–31)

JOYAS DE LA CORONA
Los diez dientes que forman este collar quizá sean de grandes tiburones blancos de la costa de Nueva Zelandia, habitada por maoríes. En la actualidad, la joyería de dientes de tiburón, destinada a los turistas, contribuye al abuso, más que al uso de los tiburones (págs. 60–61).

Zapatos de pescador hechos con piel de tiburón, de la India

Piel de tiburón

Pesa de oro en forma de tiburón, Ghana, África occidental

Juguete de hojalata, en forma de tiburón, de Malasia

Diente de tiburón

Artefacto con un diente de tiburón, para tatuar piel humana, de Kiribati (islas Gilbert) en el océano Pacífico occidental.

Tambor de madera, con cubierta de piel de tiburón, siglo XVIII, de Hawai, en el Pacífico

Diente de tiburón

Piel de tiburón

Lima de madera, cubierta con piel de tiburón, de la isla de Santa Cruz en el Pacífico suroeste

Rallador hecho de piel de tiburón (ab.), islas Wallis en el Pacífico

Cuchillo de madera (d.), con filo de dientes de tiburón, de Groenlandia

Piel de tiburón

TIBURONES EN EL HOGAR
Desde época antigua, se usan la piel y los dientes de tiburón para hacer una gran variedad de artículos domésticos. Algunas pieles son tan ásperas que sirven para rallar comida (i.), pero si se quitan los dentículos la piel suave se usa para zapatos y cinturones, o para tambores (ar.) Los dientes se usan en cuchillos, joyería y herramientas. Se hacían otras cosas en forma de tiburón porque se les admiraba, pero al igual que hoy se hacían juguetes con figura de tiburón.

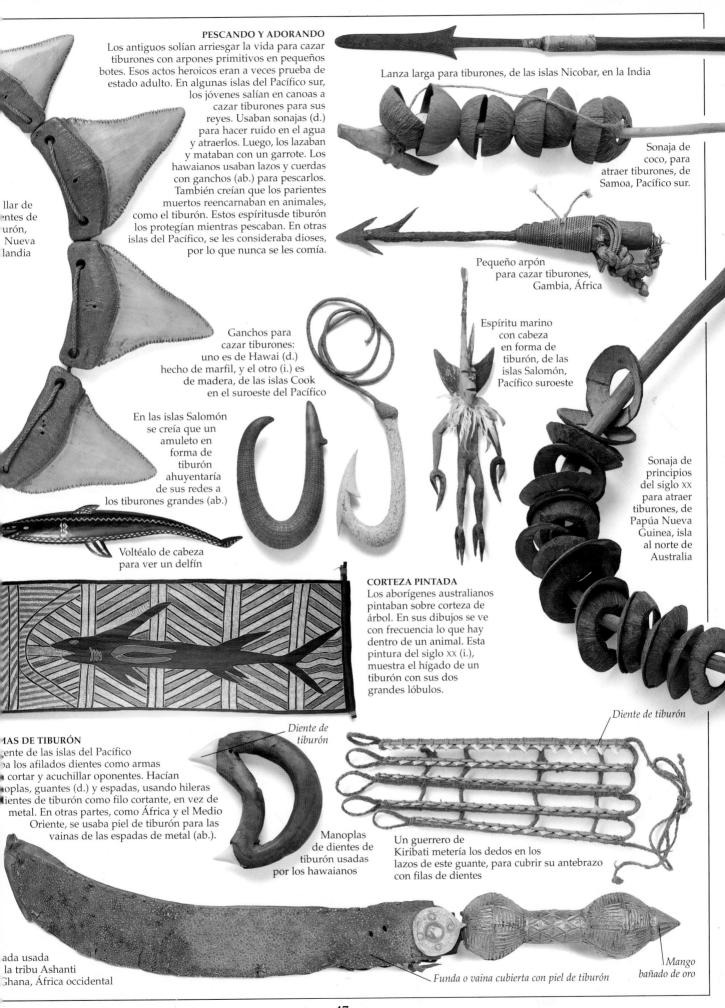

PESCANDO Y ADORANDO

Los antiguos solían arriesgar la vida para cazar tiburones con arpones primitivos en pequeños botes. Esos actos heroicos eran a veces prueba de estado adulto. En algunas islas del Pacífico sur, los jóvenes salían en canoas a cazar tiburones para sus reyes. Usaban sonajas (d.) para hacer ruido en el agua y atraerlos. Luego, los lazaban y mataban con un garrote. Los hawaianos usaban lazos y cuerdas con ganchos (ab.) para pescarlos. También creían que los parientes muertos reencarnaban en animales, como el tiburón. Estos espíritus de tiburón los protegían mientras pescaban. En otras islas del Pacífico, se les consideraba dioses, por lo que nunca se les comía.

llar de
entes de
urón,
Nueva
landia

Lanza larga para tiburones, de las islas Nicobar, en la India

Sonaja de coco, para atraer tiburones, de Samoa, Pacífico sur.

Pequeño arpón para cazar tiburones, Gambia, África

Ganchos para cazar tiburones: uno es de Hawai (d.) hecho de marfil, y el otro (i.) es de madera, de las islas Cook en el suroeste del Pacífico

Espíritu marino con cabeza en forma de tiburón, de las islas Salomón, Pacífico suroeste

En las islas Salomón se creía que un amuleto en forma de tiburón ahuyentaría de sus redes a los tiburones grandes (ab.)

Voltéalo de cabeza para ver un delfín

Sonaja de principios del siglo XX para atraer tiburones, de Papúa Nueva Guinea, isla al norte de Australia

CORTEZA PINTADA

Los aborígenes australianos pintaban sobre corteza de árbol. En sus dibujos se ve con frecuencia lo que hay dentro de un animal. Esta pintura del siglo XX (i.), muestra el hígado de un tiburón con sus dos grandes lóbulos.

Diente de tiburón

MAS DE TIBURÓN
ente de las islas del Pacífico
a los afilados dientes como armas
cortar y acuchillar oponentes. Hacían
oplas, guantes (d.) y espadas, usando hileras
dientes de tiburón como filo cortante, en vez de
metal. En otras partes, como África y el Medio
Oriente, se usaba piel de tiburón para las
vainas de las espadas de metal (ab.).

Diente de tiburón

Manoplas de dientes de tiburón usadas por los hawaianos

Un guerrero de Kiribati metería los dedos en los lazos de este guante, para cubrir su antebrazo con filas de dientes

ada usada
la tribu Ashanti
Ghana, África occidental

Funda o vaina cubierta con piel de tiburón

Mango bañado de oro

Ataque de tiburón

ATAQUE EN EL MAR
Prisioneros que escapan de la Isla del Diablo frente a la Guyana son atacados por tiburones.

La mayoría de los tiburones no son peligrosos y no atacan a la gente. Al año se registran entre 50 y 75 ataques en el mundo, con notable incremento en Florida y Australia. Las muertes pueden llegar a 20 por año (lo más común son 10); hay más probabilidad de morir en accidentes de auto o ahogados en el mar que a causa de un tiburón. Es peligroso estar en aguas donde hay tiburones: si el agua es turbia, si te has cortado, o se ha puesto carnada para pescar. Atiende los carteles locales de alarma sobre tiburones y nada en áreas protegidas con redes.

FOCA HERIDA
Las focas elefante son las preferidas del gran blanco de las costas de California. Estos tiburones se acercan a la presa por atrás para morderla. Luego esperan a que se debilite por la pérdida de sangre antes de terminarla. A veces, la foca escapa logrando llegar a la playa antes que el tiburón ataque de nuevo.

EL GRAN BLANCO
Desde las películas *Tiburón*, el gran blanco tiene fama de asesino sanguinario. Ataca y mata gente, pero tal vez porque la confunde con su presa natural. Los surfistas peligran cerca de donde procrean elefantes marinos o focas, coto de caza del gran blanco.

ATAQUE FATAL
La mayoría de los ataques ocurre donde la gente surfea, nada o bucea y hay grandes tiburones, como el gran blanco, cerca de la costa. Hay también ataques a gente que huye del hundimiento de un barco o un avión que se estrella en mar abierto. Cada año se registran los ataques en el Archivo Internacional de Ataques de Tiburón.

Un promedio de 92 personas se ahogan cada año en el mar de la costa de Australia…

… y alrededor de ocho personas mueren por accidentes de buceo…

… y menos de una muere por ataque de tiburón.

TIBURÓN JAQUETÓN TORO
El tiburón toro es uno de los cuatro más peligrosos del mundo, junto con el gran blanco, el punta blanca oceánico y el tigre. El toro vive en las aguas tibias de los océanos. Es uno de los pocos que nadan en agua dulce y sube ríos como el Amazonas en América del Sur, y el Zambezi en África. También puede entrar en lagos. Con 10 pies (3 m) de largo puede tirar a una persona y no es melindroso para comer.

SEÑAL DE PELIGRO
Para no ser atacado atiende anuncios como éste, en Australia. El tiburón ataca gente que chapotea en agua poco profunda.

DANGER SHARKS IN BOTANY BAY

AMÉRICA DEL NORTE
Boston
Nueva York
San Francisco
San Diego
FLORIDA
OCÉANO PACÍFICO
ISLAS HAWAIANAS
AMÉRICA DEL SUR

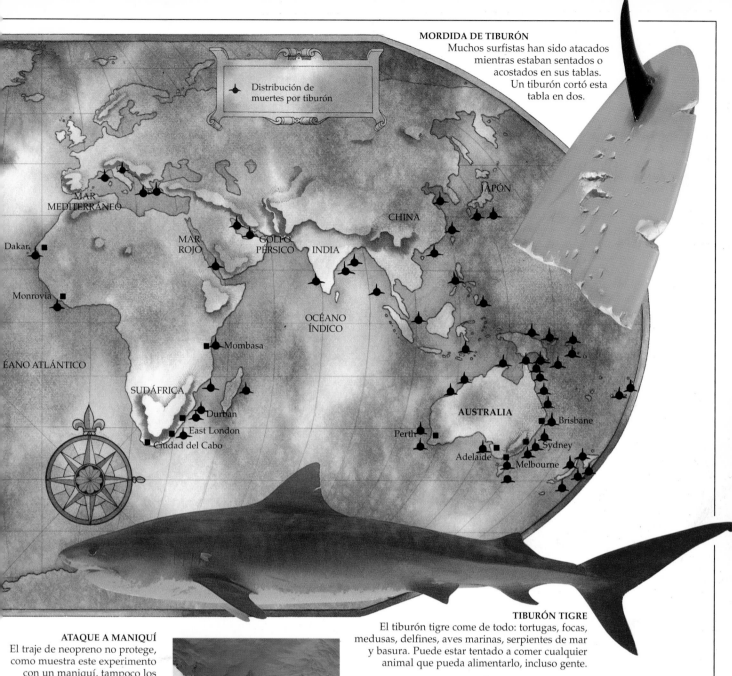

MORDIDA DE TIBURÓN
Muchos surfistas han sido atacados mientras estaban sentados o acostados en sus tablas. Un tiburón cortó esta tabla en dos.

Distribución de muertes por tiburón

MAR MEDITERRÁNEO

JAPÓN

CHINA

Dakar

MAR ROJO

GOLFO PÉRSICO

INDIA

Monrovia

OCÉANO ÍNDICO

ÉANO ATLÁNTICO

Mombasa

SUDÁFRICA

Durban

East London

Ciudad del Cabo

AUSTRALIA

Brisbane

Perth

Sydney

Adelaide

Melbourne

TIBURÓN TIGRE
El tiburón tigre come de todo: tortugas, focas, medusas, delfines, aves marinas, serpientes de mar y basura. Puede estar tentado a comer cualquier animal que pueda alimentarlo, incluso gente.

ATAQUE A MANIQUÍ
El traje de neopreno no protege, como muestra este experimento con un maniquí, tampoco los de color o estampados.

NTO DE VISTA DEL TIBURÓN
rca de colonias de focas o leones rinos ocurren ataques a surfistas, ando éstos cuelgan brazos o rnas de la tabla. Los tiburones eden confundirlos con as al verlos por abajo.

NADO NORMAL
El tiburón de arrecifes vive cerca de los arrecifes de coral en los océanos Índico y Pacífico; crece 8 pies (2.5 m). Al nadar, curva la espalda y extiende las aletas pectorales lejos del cuerpo.

POSTURA DE AMENAZA
Si un buzo se acerca demasiado o sorprende al tiburón de arrecifes, éste adopta su postura de defensa: arquea el lomo y baja las aletas pectorales, y tal vez nade en ochos. Si el buzo no se retira, quizá lo ataque.

Tiburones a raya

QUIENES ENTRAN AL AGUA en donde puede haber tiburones peligrosos, corren el riesgo de ser atacados. No hay una forma simple para mantenerlos lejos de donde la gente chapotea, nada, surfea o bucea. Hay recintos a prueba de tiburón, pero sólo en áreas pequeñas, por su enorme costo. En Sudáfrica y Australia, hay redes en las playas para atrapar tiburones, pero éstas también atrapan y matan muchos tiburones inofensivos, delfines, rayas y tortugas. Se hacen pruebas con barreras eléctricas que los mantendrían alejados sin matarlos o matar a otros animales. Los buzos pueden usar bastones con carga explosiva en la punta, pero a veces un tiburón curioso puede ser alejado empujándolo con una vara dura. Si todo falla, el golpear su hocico puede impedir un ataque.

¿JONÁS Y...?
En el relato bíblico Jonás es tragado por un gran animal marino, que podría ser un tiburón, más que una ballena.

SALVAVIDAS
Salvavidas australianos buscan tiburones. Si se ven cerca de una playa, suena la alarma y los nadadores salen del agua. La playa puede cerrarse por el resto del día si los tiburones siguen en el área. Atiende siempre los consejos de los salvavidas.

¡VOLADO!
Un tiburón tigre es izado, muerto con un bastón disparador. Éste dispara por contacto, destrozando las vísceras del pez.

Boya
Red
Ancla

EN LA BOLSA
Una forma de ayudar a quienes caen al mar por naufragio o accidente de aviación, es con grandes bolsas inflables. Al probarlas la Marina de EE. UU., los tiburones las evitaban porque no podían ver en ellas, percibir señales eléctricas u oler sangre o desechos humanos, que se mantienen en la bolsa.

ATRAPADO
Un tiburón cogido con red en una playa de Australia (d.) es bajado a tierra. Con este método, en 17 meses atraparon 1,500 en la década de 1930. Desde entonces, han disminuido drásticamente.

Boya
Red
Ancla

REDES EN LA PLAYA
Las redes de malla se usan para proteger las playas más populares atrapando tiburones. Éstas no forman una bar[r]a continua, así que pueden atraparlos en ambos lados de red cuando se acercan o se alejan de la playa. Hay anc[las] que mantienen las redes sobre o cerca del fondo y bo[yas] que las tienen suspendidas en el agua. Las redes son cerca de 330 pies (100 m) de largo y 20 pies (6 m) de profundidad. Las boyas señalizadoras flotan en la superficie, para ubicar las redes. Éstas se examinan a diario, retirándose los animales muertos. Las red[es] deben reemplazarse cada tres semanas, pues son dañadas por algas y otras plantas marinas y pue[den] así ser vistas y evitadas por los tiburones. Tamb[ién] se sustituyen las derribadas en las tormentas.

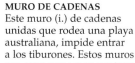

MURO DE CADENAS
Este muro (i.) de cadenas unidas que rodea una playa australiana, impide entrar a los tiburones. Estos muros son muy caros y no protegen más de unos cuantos kilómetros. Se han probado repelentes químicos, pero no han sido eficaces ya que en el agua cualquier sustancia se dispersa rápidamente.

PLAYA PROTEGIDA
Se ha experimentado con redes de burbujas producidas con mangueras de aire en el lecho del mar, pero las redes, como ésta en Australia (ar.), parecen dar la mejor protección.

BARRERA INVISIBLE
Los tiburones son muy sensibles a las corrientes eléctricas. Aquí se prueba una barrera eléctrica. Si está apagada (ar.), el tiburón limón pasa, pero al encenderla (i.), se da vuelta para evitarla. Se han probado cables y hasta aparatos portátiles que producen pulsaciones eléctricas para disuadir a los tiburones.

REDES MORTALES
Las redes de malla para proteger playas matan muchos tiburones cada año, como este gran blanco (ar.) y el martillo (i.). Los animales atrapados no pueden nadar y se asfixian al no pasar agua por sus branquias. Hasta 1,400 tiburones, muchos de ellos inofensivos, y delfines, mueren cada año en las redes de Sudáfrica.

REPELENTE DE TIBURONES
La científica norteamericana, Dra. Eugenie Clark, descubrió que el lenguado de Moisés del Mar Rojo produce su repelente de tiburón. Si es atacado, arroja secreciones lechosas de sus poros que hacen que el tiburón lo escupa.

En la jaula

TRAJE DE BUZO
A principios del siglo XIX, un buzo usaba pesados cascos o sombreros duros y recibía aire bombeado de la superficie. Se contaban relatos exagerados sobre pulpos gigantes.

Bucear con grandes tiburones depredadores puede ser peligroso, así que quien se va a acercar a ellos, como fotógrafos y cineastas submarinos, usa una jaula de metal para protegerse. Ninguna persona sensata querría estar en el agua con un tiburón blanco (págs. 28–31), si no está en una jaula. Con especies más pequeñas y menos peligrosas, como la tintorera (págs. 56–57), se usan trajes de malla metálica, lo bastante fuerte para impedir que los dientes lleguen a la piel en caso de una mordida, pero pueden darse magulladuras. Puede haber también una jaula sólo para que el buzo se retire en caso de que los tiburones se pongan agresivos. Al poner carnada (págs. 28–29) en el agua para atraerlos, se pueden excitar por la comida y morder a los buzos. Si se les filma o fotografía fuera de la jaula, hay buzos vigilando la proximidad de tiburones fuera del campo visual del cineasta.

1 BAJANDO LA JAULA AL AGUA
Una vez que el barco de buceo llega a aguas del gran blanco, se lanza el cebo creando un aspecto aceitoso y se baja al mar la jaula.

2 UN GRAN BLANCO SE ACERCA
Pueden pasar varios días sin que un gran blanco se acerque a la jaula, que se mantiene a flote con boyas. Los buzos cierran la tapa de la jaula para protegerse por completo.

3 VISTA DENTRO DE LA JAULA
La carnada, carne de caballo y atún, atrae al tiburón a la jaula. La separación de los barrotes impide que el gran blanco muerda a los fotógrafos, pero el metal los hace morder barco y jaula.

CON ARMADURA
La famosa cineasta de tiburones, Valerie Taylor, prueba un traje de malla metálica. La tintorera (i.) es tentada a morder la manga rellena con pedazos de pez. Puede haber problemas si los dientes del tiburón se atoran en la malla: al luchar por liberarse, puede arrancar el guante. Los pesados trajes dificultan el nado. Los antiguos caballeros usaban malla para evitar ser heridos con la espada. Hoy día, los carniceros también usan guantes de malla (ar.) para protegerse las manos cuando rebanan carne.

FILMANDO TIBURONES
Los cineastas australianos Ron y Valerie Taylor son famosos por su trabajo. Ron Taylor filma a un tiburón coralero mordiendo la carnada (d.) y a una tintorera acercándose (ab., d.).

UN GRAN BLANCO PASA NADANDO
Los buzos pueden ser sacudidos si este deroso gran blanco golpea la jaula. Estas tas de cerca de estos tiburones revelan lo ndes que son estas temibles criaturas.

Estudiando tiburones

CHALLENGER
Este barco británico de investigación llevó naturalistas en el siglo XIX a los océanos Atlántico, Pacífico e Índico, en donde recogió todo tipo de vida marina, incluso tiburones.

Es difícil estudiar tiburones en libertad porque constantemente cambian de sitio, nadan muy rápido y se sumergen más allá de lo que pueden los buzos. Algunos, como el martillo, hasta se alejan con las burbujas producidas por los buceadores. Para seguirlos, se les atrapa y se les ponen etiquetas de sonido en las aletas. Al soltarlos, los científicos pueden seguirlos por las señales de radio en un receptor. Se procura mantenerlos vivos al capturarlos para estos fines y otros estudios. Ciertos tipos de tiburón son puestos en acuarios donde son observados con facilidad (págs. 62–63).

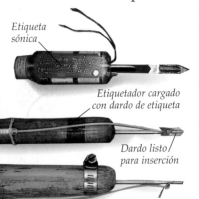

Etiqueta sónica

Etiquetador cargado con dardo de etiqueta

Dardo listo para inserción

Etiqueta con dirección

El Dr. McCosker rastreando en Australia

Un propulsor que mide su velocidad de nado, se coloca en la aleta de un mako

ESTUDIO DEL LIMÓN
El Dr. Samuel Gruber ha estudiado tiburones limón en las Bahamas más de 10 años. No les importa ser manipulados ni necesitan nadar para respirar, así que están quietos mientras los científicos hacen sus observaciones. En este experimento (d.), se le inyecta una sustancia para ver qué tan rápido crece. Los limón jóvenes también pueden ser etiquetados en la aleta dorsal para identificarlos con un número de código personal.

ALZANDO LA NARIZ DE UN TIBURÓN
El Dr. Samuel Gruber, científico norteamericano, verifica el flujo de agua en la nariz de un tiburón nodriza. Hay que ser cauto, pues aunque estos tiburones suelen ser dóciles, pueden sorprender con una mordida (págs. 18–19).

FAVORITO DE LOS CIENTÍFICOS
El galano es uno de los tiburones más fáciles sólo estudiar, en acuarios y en el mar. Un joven galano (i.) ataca su comida. Cuando come, sacude la cabeza vigorosamente, haciendo un montón de basura en el agua del acuario.

ETIQUETANDO TIGRES
Un pequeño tiburón tigre en las Bahamas (ar.) es etiquetado. A veces hay que revivir al tiburón después; un buzo (ar.) lo empuja para que el agua fluya por las branquias.

PARA ESTAR SECO
Para sumergirse sin mojarse, el naturalista estadounidense W. Beebe (1877–1962) usó esta batiesfera en la década de 1930 para llegar a 3,300 pies (1,000 m). A 12,000 pies (3,600 m), se atrae con cebo a los tiburones.

PETULANCIA DE TODO
La expedición del *Challenger* capturó tres de estos raros tiburones (ab.) en aguas profundas de Japón.

Tiburón de gorguera

Sexta ranura branquial: la mayoría tiene sólo cinco

55

Marcando tiburones

Certificado australiano (ar.) y ficha (ab.) para detalles del tiburón capturado

Aplicadores australianos con etiquetas de plástico

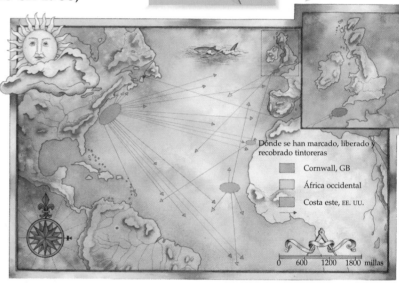

Rem tent

Eti- queta

La punta d metal penetr la pie

Los pescadores ayudan a los científicos a saber adónde van los tiburones y cuánto crecen, midiéndolos, etiquetándolos y liberándolos. Miles de tiburones se han etiquetado desde la década de 1950 en las costas de ee. uu., Australia, Gran Bretaña y África. Algunas etiquetas se recuperan cuando los vuelven a pescar. El récord lo tiene un cazón australiano macho, etiquetado en 1951 y recapturado en 1986, a 130 millas (214 km) del sitio de su liberación. Había crecido 7 pulg (17 cm). Las tintoreras son grandes viajeras. Una, marcada cerca de Nueva York, apareció 16 meses después frente a Brasil, 3,600 millas (6,000 km) más lejos, y otra, marcada en la costa de Devon, Gran Bretaña, se recobró en Brasil, a 4,200 millas (7,000 km).

Dónde se han marcado, liberado y recobrado tintoreras

Cornwall, GB

África occidental

Costa este, EE. UU.

0   600   1200   1800 millas

MARCANDO PÁJAROS

Los anillos en las patas de las aves jóvenes, como las etiquetas en tiburones, informan sobre su migración, si se les recaptura.

Cebo

1 MARCANDO Y SOLTANDO TIBURONES

La tintorera tiene un excelente olfato y se le atrae colgando del barco una bolsa de cebo con pescado oloroso y salado. El aceite del cebo se extiende cual delgada película sobre la super- ficie del agua y atrae tiburones desde grandes distancias. Se pone en los anzuelos macarela fresca y se tienden a una profundidad de 40 a 60 pies (12 a 18 m).

2 ENGANCHADO
Atraída por el olor y la sangre la tintorera muerde el anzuelo.

3 ENROLLANDO EL TIBURÓN
La cuerda se enrolla y el tiburón es jalado con mucho cuidado, para no lastimarlo.

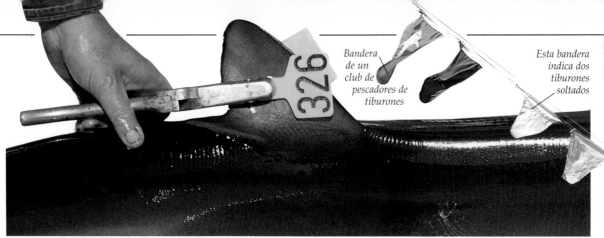

**ETIQUETA EN
ALETA DORSAL**
etiqueta metálica no
orroe con el agua de
; para que el número
lástico no se caiga.
reverso tiene una
cción a la que puede
iarse, en caso de que
escador atrape de
vo al tiburón
uetado en otra
te del mundo.

*Bandera
de un
club de
pescadores de
tiburones*

*Esta bandera
indica dos
tiburones
soltados*

7 LIBERÁNDOLO
Sujetando al
tiburón por la
cola, el capitán lo
baja suavemente
al mar. Una vez
en el agua el
tiburón se
aleja lo más
rápido posible.

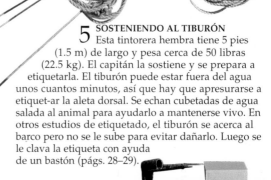

5 SOSTENIENDO AL TIBURÓN
Esta tintorera hembra tiene 5 pies
(1.5 m) de largo y pesa cerca de 50 libras
(22.5 kg). El capitán la sostiene y se prepara a
etiquetarla. El tiburón puede estar fuera del agua
unos cuantos minutos, así que hay que apresurarse a
etiquet-ar la aleta dorsal. Se echan cubetadas de agua
salada al animal para ayudarlo a mantenerse vivo. En
otros estudios de etiquetado, el tiburón se acerca al
barco pero no se le sube para evitar dañarlo. Luego se
le clava la etiqueta con ayuda
de un bastón (págs. 28–29).

TIBURÓN AGITADO
El capitán alza al debatiente tiburón, que
ea cada centímetro del camino.

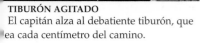

Matanza excesiva

Se matan tiburones por su carne, aletas, piel, aceite del hígado, y también por deporte. La pesca deportiva puede reducir localmente el número de tiburones, pero la mayor amenaza es la pesca excesiva en todo el mundo. Los capturados con redes son a menudo devueltos muertos al mar, porque es otro el pez que se busca. A veces sólo les quitan las aletas y tiran el cuerpo. También mueren en redes de protección a nadadores. Comparados con los peces de espina, los tiburones tienen una tasa más lenta de reproducción y tardan más en madurar. Si se matan muchos, su población nunca se recuperará. Se intenta protegerlos creando reservas, reduciendo el número de capturados y prohibiendo su pesca.

PESCA CON CAÑA
Un deporte popular; los tiburones, rápidos y fuertes, son un reto. Hoy, los clubes de pesca tienen más conciencia de la conservación y algunos restringen el tamaño de las presas. Se anima cada vez más a los pescadores a liberar a los tiburones en vez de matarlos (págs. 56–57).

MUROS MORTALES
Las redes rastreras (ar.), de 50 pies (15 m) de profundidad y muchos kilómetros de largo, se usan para pescar. Son tan finas que el pez no la ve y se enreda en ellas. Los tiburones, como es coralero (ar.), son fáciles presas, junto con aves marinas, tortugas y delfines.

MUERTE BLANCA
El gran blanco (ar.) es el máximo trofeo para muchos pescadores. La gente le teme, por eso lo mata, pero entre los máximos depredadores, este tiburón es importante para mantener el equilibrio natural del océano. Su caza está prohibida en Sudáfrica. Y quizá Australia lo nombre especie protegida.

DEPORTE O MATANZA
Para mostrar cuántos tiburones murieron, este pescador (i.) lleva la colección de quijadas de las víctimas.

Red rastrera

ZORRO VENCIDO
El tiburón zorro (i.) se pesca en exceso en los océanos Pacífico e Índico. Los cogen con grandes anzuelos y redes rastreras y verticales. Subir un zorro puede ser peligroso, sobre todo si sacude la cola. A veces éstas se enredan en las cuerdas de pesca.

TRISTE FIN PARA UN TIGRE
Tiburón tigre (d.) muerto en un torneo de pesca en Florida, EE. UU. Cerca de algunas costas turísticas se ha reducido el número de tiburones depredadores grandes, como el gran blanco y el tigre, quizá porque se pescan muchos.

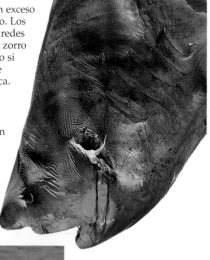

PESCA PARA COMER
En países en desarrollo, la gente, como estos asiáticos, (i.) come la carne de tiburón por sus proteínas. En otros países, son comida de lujo en restaurantes. Se coma o no la carne de tiburón, es importante que se controle su pesca, o estas fascinantes criaturas desaparecerán de los mares.

Cortando carne de tiburón
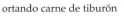

ALETAS AL SOL
Las aletas se usan en la cocina china para delicias como la sopa de aleta de tiburón. Como pueden secarse, es más fácil comercializarlas que la carne de tiburón, que debe venderse pronto o procesarse.

CORTANDO ALETAS
Estos pescadores japoneses en el Pacífico, cortan las aletas de los tiburones cogidos en redes rastreras. El resto del tiburón es lanzado al mar. Se cortan las aletas de diferentes tipos de tiburones, a veces cuando aún están vivos. Devueltos al mar tardan mucho en morir. Sin las aletas no pueden nadar adecuadamente y pueden ser destrozados por otros tiburones.

Aletas secándose

Uso y abuso

DIENTES DE TIBURÓN
Pendientes hechos con dientes de gran tiburón blanco. Equivocadamente, la gente creía que el usar dientes de tiburón les hacía verse tan fieros como el gran tiburón blanco.

La gente ha dado uso a casi todas las partes del cuerpo del tiburón. La dura piel puede convertirse en cuero; los dientes, en joyería; las mandíbulas, en souvenirs; el esqueleto, en fertilizante; las aletas, en sopa; la carne se come y el aceite del hígado se usa en la industria, medicinas y cosméticos. La explotación de animales salvajes como el tiburón, puede causar su declive si se matan más de los que se reemplazan por nacimiento y sobrevivencia de las crías. Los tiburones peligran porque se reproducen con lentitud. Es difícil determinar el límite de cuántos pueden pescarse, pues se sabe poco de ellos. Hoy son principalmente capturados por su carne y aletas, y esta demanda probablemente aumentará al crecer la población mundial. Si menos gente usara productos derivados del tiburón, éste tendría un futuro mejor. De otra forma el efecto en el balance natural en los océanos puede volverse desastroso.

NAPOLEÓN Y EL TIBURÓN
Los marinos temían y odiaban a los tiburones. El emperador francés Napoleón (1769-1821) ve matar un tiburón, durante su viaje al exilio en una remota isla del Atlántico, Santa Elena.

SUJETANDO BIEN
Este mango de espada con áspera piel de tiburón, da al usuario una sujeción segura

En batalla, un mango ensangrentado podría aún asirse

Piel teñida de tiburón en el mango de este sable de oficial de la Artillería Real británica.

Piel rugosa de raya bajo cordón negro

ESPADA DE SAMURAI
Espada del siglo XIX que perteneció a un guerrero samurai japonés. Tiene el mango cubierto de piel de raya sin pulir, con la vaina hecha con piel de raya, pulida y laqueada (págs. 8-9).

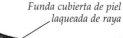

Mango de marfil labrado

Funda cubierta de piel laqueada de raya

DAGA PERSA
La vaina de esta daga persa del siglo XIX está cubierta con piel laqueada de raya. Tiene pintado un diseño floral.

CAJA DE LA FELICIDAD
Fina piel de tiburón, o cuero, se usó para forrar esta caja de Corea de principios del siglo XX. La piel es suave porque los dentículos, o dientes pequeños, han sido muy pulidos y laqueados, antes de teñirlos de verde oscuro. La zapa o chagrén– la piel rugosa no pulida de tiburón– se usa como papel lija para pulir madera.

Caracteres de doble felicidad decoran el exterior de las puertas

RESTOS DE TIBURÓN
Estos dos cabeza de martillo (págs. 42–43) se pescaron en la costa de Baja California al oeste de México. En esta área pobre, quizá su carne sirvió de comida, y sus pieles para artículos de piel, como carteras y cinturones.

BURÓN
N PAPAS
ucho del
scado que se vende
las tiendas inglesas de
a & chips, es tollo espinudo
gs. 22–23), uno de los tiburones más
undantes y pescados. Muchos tiburones
iben un nombre diferente al venderlos:
ollo espinudo se vende como "salmón
roca" en Gran Bretaña. Antes, la gente
comía tiburón porque se creía que éste
mía los cuerpos de los marinos muertos.
stemente, los bisteces de tiburón son
da vez más una exquisitez en
restaurantes.

*Piel de raya,
pulida y laqueada*

FAUCES EN VENTA
Se matan muchos tiburones para vender sus fauces
como *souvenirs*. Algunas, como las del gran blanco
(págs. 28–31), alcanzan alto precio. La venta de las
de gran blanco está prohibida en Sudáfrica.

CADÁVER
SIN CABEZA
Este tiburón fue muerto
por deporte y se le cortó
la cabeza para quitarle las
fauces. Éstas son trofeos
populares, al igual que las
cabezas y astas de ciervos
que los cazadores exhiben.

PÍLDORAS DE ACEITE DE HÍGADO DE TIBURÓN
En algunos países se cree que el aceite de hígado de tiburón cura todo
tipo de males. El aceite tiene muchas sustancias, incluso vitamina A,
pero esta vitamina puede hacerse artificialmente.

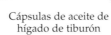

Cápsulas de aceite de
hígado de tiburón

Dos tazas y una
lata de una delicia
oriental: sopa de
aleta de tiburón

SOPA DE ALETA
DE TIBURÓN
Con las fibras cartilaginosas de
las aletas se hace una sopa, que
algunos orientales consideran una delicia.
Una vez secas, las aletas se hierven hasta
extraerles sus fibras gelatinosas, tipo
fideo. Luego, la sopa se sazona
con otros ingredientes.

PARA LA PIEL
Se usa aceite de tiburón en
cremas caras para prevenir arrugas
y signos de envejecimiento. Otras
cremas hechas de aceites naturales
de plantas son igualmente eficaces.

¡Salven a los tiburones!

TIBURONMANÍA
Esta rara escultura de un tiburón en el techo de una casa en Oxford, Inglaterra, hace ver lo mucho que le gustan a la gente los tiburones.

Los tiburones tienen mala reputación de sanguinarios. Pero sólo algunos son peligrosos (págs. 48–49) y los ataques a la gente son raros. Otros animales, como los tigres y hasta los elefantes, que ocasionalmente han matado gente, son más populares. El público necesita preocuparse por los tiburones porque cada vez están más amenazados por la pesca excesiva (págs. 58–59). Algunos de ellos, como los limón en Florida, también sufren por la destrucción de los manglares, importantes guarderías para sus crías. Para que a la gente le empiece a gustar los tiburones, necesita aprender más sobre ellos. Al visitar un acuario, se puede admirar la gracia y belleza de los tiburones. Los buenos nadadores pueden aprender a usar snorkel o a bucear, y tener la suerte de ver tiburones en el mar. En algunas áreas, como en California, ee. uu., se lleva a los buceadores a sitios en donde pueden observar tiburones salvajes.

Dibujando varios tiburones en un acuario

TANQUES PARA OBSERVAR
Ver tiburones a centímetros de la nariz es emocionante, aun con un cristal en medio (d.). Pero no todas las especies de tiburón pueden estar en un acuario. Las tintoreras de movimientos rápidos y los makos merodean en grandes distancias y necesitan mucho más espacio del que hay en un acuario. Cierta vez, se exhibió un gran blanco unos días, pero se desorientó y golpeaba continuamente con el hocico el cristal, por lo que se le regresó al mar. Los más pequeños, como el tollo coludo (págs. 14–15), son los más fáciles de mantener en un acuario.

De cara a un tiburón (d.) y hora de comer en un acuario (extrema d.)

*Tiburón
toro
bacota*

*Tiburón
coralero*

INSTANTÁNEAS
Tomar fotografías de tiburones en un acuario es una buena forma de empezar a conocerlos. No es fácil tomar fotos de un sujeto móvil tras un cristal, pero la perseverancia se premia. Usa película rápida porque los acuarios tienen poca luz. Pide permiso y no uses flash si lo prohíben. Sostén la cámara pegada al vidrio para impedir que la luz se refleje en el cristal si se puede usar flash. Espera a que aparezca el tiburón completo en cuadro antes de tomar la fotografía, pero acuérdate que se mueve con rapidez.

*Jaquetón
toro*

Fotografías
tomadas en
un acuario

APRENDIENDO SOBRE TIBURONES
Entra a una organización de conservación que trabaje para proteger la vida marina en océanos y mares. Busca artículos informativos en revistas de vida salvaje u otros libros sobre tiburones. Hay también interesantes programas de vida submarina en la televisión, diferentes a las películas de miedo como *Tiburón*, que cuentan la realidad sobre tiburones. Intenta ayudar a los biólogos marinos en sus programas de investigación, como el de "Earthwatch research" en las Bahamas, en el Caribe. Hay todavía mucho que descubrir sobre los tiburones.

Dibujo de una tintorera, con su cuerpo aerodinámico y eficiente sistema de movimiento que complementa su vida de depredador

Típico tiburón jaquetón, con hocico más grande que el de la tintorera

Dibujar tiburones puede ser divertido y útil

RCHIVO DE TIBURONES
sitar acuarios, tomar notas sobre tiburones, ujarlos, o copiarlos de fotografías, son una ena forma de observar qué variedad de ellos y. Compara sus colores, los diferentes diseños su piel y las distintas formas de sus cuerpos. a larga puedes reunir un archivo valioso de formación sobre tiburones. Anota tamaño, dieta, bitat natural y en qué se distinguen de otros. En dibujos, traza los rasgos externos, como aletas, uras branquiales, ojos y boca. Con poco uerzo, cualquiera puede convertirse experto en tiburones.

Anotar tus observaciones puede formar un archivo de información valiosa sobre tiburones

Pasteles

Lápices

¿Sabías que…?

DATOS SORPRENDENTES

Los nativos de algunas islas del Pacífico adoraban a los tiburones como dioses, por lo que nunca comerían su carne.

Al igual que muchos mamíferos, incluido el hombre, el tiburón tiene un corazón grande con cuatro cavidades.

Los tiburones tienen quijadas de una fuerza fantástica; algunos pueden morder con una presión de 132 lb (60 kg) por diente.

En algunas partes de África se cree que si se frota la madera de una embarcación nueva con aceite de martillo se aseguran vientos favorables y un viaje exitoso.

El estómago del tiburón, estrecho y en forma de U, se expande cuando come una presa enorme que le durará varios días.

Se sabe que los tiburones en cautiverio crecen 10 veces más que si estuvieran en libertad.

Gran parte del cerebro de un tiburón está vinculado con el olfato; detectan una parte de algún olor en una 10 billonésima de agua a 1 milla (1.7 km) de distancia.

Los dientes de un tiburón tigre pueden romper los huesos y caparazón de una tortuga.

Hasta 100 millones de tiburones (un peso de 75,768 toneladas) son muertos por la gente cada año.

Diente de un gran blanco

Quijada de tiburón tigre

El intestino del tiburón (válvula espiral) es tan especializado que su superficie es relativamente grande en un espacio limitado. Pero, puede frenar su digestión, por lo que una comida tarda hasta cuatro días en digerirse.

Tiburón de Galápagos

El tiburón de Galápagos nunca se aleja de tierra firme y suele vivir cerca de grupos de islas.

A veces, los tiburoneros usan pistolas de dardos de CO_2; al entrar en el cuerpo del pez, el gas se expande y la presa flota.

La piel de tiburón es dos veces más durable que el cuero usual, y se le ha usado para fabricar zapatos, bolsos y cinturones.

Tortuga de carey

Modelo de *cladoselache*, un tiburón antiguo

Desde que aparecieron, hace millones de años, los tiburones han cambiado menos en términos evolutivos que otros vertebrados.

En Francia, en el siglo XVII, se comía cerebro de tiburón contra los dolores del parto; con vino blanco se usaba para los cálculos renales. Hoy, se reconoce la eficacia del cerebro de tiburón desecado como analgésico y contra la caries.

En agosto de 2001, miles de tiburones de varias especies se reunieron por cierto tiempo en Florida. Aún no se sabe por qué, aunque quizá estuvieran migrando del golfo de México al océano Atlántico.

El inglés Damien Hirst exhibió un tiburón tigre australiano en líquido de embalsamar verde dentro de un tanque de acero y vidrio y lo intituló *Imposibilidad física de la muerte en la mente de alguien vivo.*

El aparato digestivo de un tiburón es tan eficiente que, si es necesario, puede vivir con una pequeña cantidad de comida, entre 0.5 y 3% de su peso corporal por día.

La carne de algunos tiburones (como el mako, el sardinero y el gran blanco) se come normalmente, pero la del tiburón de Groenlandia es venenosa; hay que secarla para poder comerla (es una exquisitez en Islandia), aunque tiene un fuerte sabor a amoniaco.

Lóbulo superior de la cola (caudal)

Además de la gente, el peor enemigo del tiburón es otro tiburón; muchos se comerían a sus congéneres, aun de la misma especie.

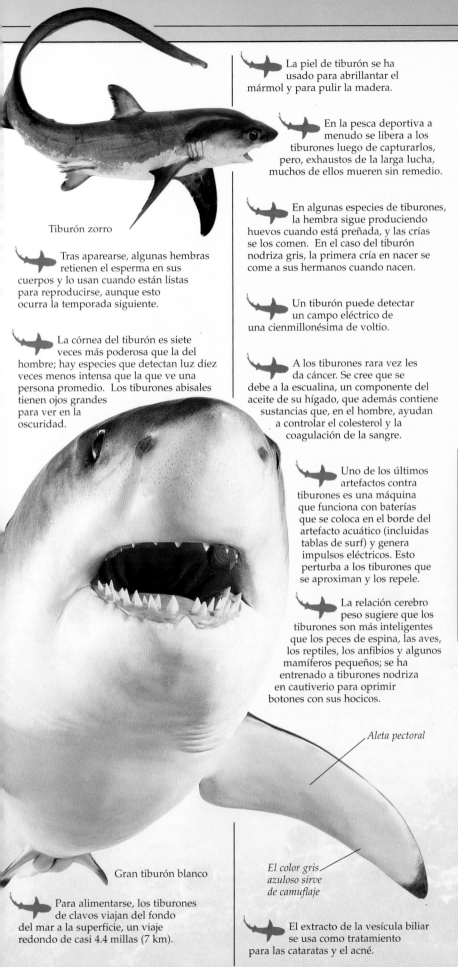

Tiburón zorro

La piel de tiburón se ha usado para abrillantar el mármol y para pulir la madera.

En la pesca deportiva a menudo se libera a los tiburones luego de capturarlos, pero, exhaustos de la larga lucha, muchos de ellos mueren sin remedio.

En algunas especies de tiburones, la hembra sigue produciendo huevos cuando está preñada, y las crías se los comen. En el caso del tiburón nodriza gris, la primera cría en nacer se come a sus hermanos cuando nacen.

Un tiburón puede detectar un campo eléctrico de una cienmillonésima de voltio.

A los tiburones rara vez les da cáncer. Se cree que se debe a la escualina, un componente del aceite de su hígado, que además contiene sustancias que, en el hombre, ayudan a controlar el colesterol y la coagulación de la sangre.

Uno de los últimos artefactos contra tiburones es una máquina que funciona con baterías que se coloca en el borde del artefacto acuático (incluidas tablas de surf) y genera impulsos eléctricos. Esto perturba a los tiburones que se aproximan y los repele.

La relación cerebro peso sugiere que los tiburones son más inteligentes que los peces de espina, las aves, los reptiles, los anfibios y algunos mamíferos pequeños; se ha entrenado a tiburones nodriza en cautiverio para oprimir botones con sus hocicos.

Tras aparearse, algunas hembras retienen el esperma en sus cuerpos y lo usan cuando están listas para reproducirse, aunque esto ocurra la temporada siguiente.

La córnea del tiburón es siete veces más poderosa que la del hombre; hay especies que detectan luz diez veces menos intensa que la que ve una persona promedio. Los tiburones abisales tienen ojos grandes para ver en la oscuridad.

Gran tiburón blanco

Aleta pectoral

El color gris azuloso sirve de camuflaje

Para alimentarse, los tiburones de clavos viajan del fondo del mar a la superficie, un viaje redondo de casi 4.4 millas (7 km).

El extracto de la vesícula biliar se usa como tratamiento para las cataratas y el acné.

Estos coraleros comen un pez cirujano

Los tiburones son melindrosos para comer; a veces toman un bocado de sus presas, o sólo le hincan el diente para probar su sabor, antes de alimentarse propiamente. Si no les gusta, escupen el bocado y se retiran.

Cuando hay alimento en abundancia, los tiburones se abandonan a una comilona frenética, y muerden cualquier cosa que se les aproxime, incluso a otro tiburón.

La boca del martillo se localiza bajo su cabeza

Tiburón martillo

El martillo come mantarrayas y las devora a pesar de sus espinas venenosas. Si alguna espina se le clava en la quijada, sus dientes podrían crecer deformes.

Los tiburones prefieren las presas débiles, heridas o enfermas, que las fuertes, que pueden defenderse. Por esto, los grandes blancos con frecuencia atacan a ballenas moribundas.

Los tiburones confunden los reflejos del metal o las piedras brillantes con las escamas de peces. Evita usar joyería si nadas en donde se han avistado tiburones.

Se usa piel artificial de cartílago de tiburón para quemaduras.

PREGUNTAS Y RESPUESTAS

Grupo de tiburones de arrecife cazando de noche

P ¿Existe alguna forma en que un nadador pueda prevenir el ataque de un tiburón?

R Los tiburones tienden a atacar a nadadores solos, así que quienes naban deben permanecer en grupo. También evitar aguas donde se hayan visto focas, leones marinos o grandes cardúmenes de peces, ya que los tiburones atacan a estas criaturas; es buena idea evitar a los delfines, cuya dieta es similar a la de los tiburones y suelen cazar en los mismos sitios. Si sangras de cualquier parte del cuerpo, permanece en la playa, aunque tu herida sea pequeña, ya que un tiburón puede oler hasta la más pequeña gota de sangre diluida en el agua. Asimismo, es sensible a los desechos humanos, así que es peligroso y antihigiénico usar el mar como excusado.

P ¿Se agrupan los tiburones en sociedades o relaciones sociales?

R Hay muchos aspectos que los científicos no han averiguado acerca de sus hábitos de acoplamiento y de familia, pero se sabe que algunas especies cazan en grupo. Observaciones recientes indican que al gran tiburón blanco le gusta la vida en pareja, a veces incluso con ejemplares del mismo sexo. Se han visto blancos cazando juntos, y hay registros de etiquetados que indican que emigran juntos al mismo sitio cada año.

P ¿Defienden los tiburones su territorio?

R La mayoría de los tiburones no se quedan en el mismo sitio y vagan por el mar. Sin embargo, las hembras son muy agresivas cuando crían y defienden sus territorios con fiereza. Algunas especies se apegan a un área en particular; por ejemplo, los tiburones grises de arrecife establecen una base y la recorren constantemente. De igual manera, los tiburones coralero permanecen en la misma área largos periodos de tiempo, pero se sabe que defienden el territorio elegido.

P ¿Existen tiburones que viven en agua dulce?

R La mayoría de los tiburones viven en el mar, con excepción del tiburón del río Zambezi, el cual tiene un sistema respiratorio sofisticado que le permite ajustarse a cambios bruscos de salinidad del agua. Aunque este tiburón sólo aparece en latitudes cálidas, puede nadar largos ríos y sobrevivir en lagos y así

estar más cerca de los humanos que otros tiburones. Por esto y por ser un gran depredador, el tiburón del río Zambezi es muy peligroso para el hombre.

P ¿En qué condiciones es más probable que se presente un ataque?

R En las zonas donde los tiburones son un problema, la mayoría de los ataques se llevan a cabo durante el verano, entre las dos y las seis de la tarde. Lo más probable es que sucedan a una profundidad de menos de 6 pies, 6 pulg (2 m), en agua calma, y a una distancia de unos 35 pies (10 m) de la orilla del mar, donde rompen las olas. De particular peligro son las caletas protegidas, canales en donde el agua se profundiza de repente, lugares donde se tira basura y cerca de desembarcaderos, muelles y malecones.

Las focas pueden atraer tiburones y por ello deben evitarlas los nadadores.

P ¿Es cierto que cada especie de tiburón recibe el mismo nombre en todo el mundo?

Tiburón del río Zambezi

R Los nombres en latín sí son iguales en todas partes, pero los comunes, con los que los conocemos, a veces varían mucho. El tiburón del río Zambezi, en África (*Carcharhinus leucas*), tiene una colección de nombres fuera de lo común, quizá porque vive en distintos hábitats. Entre sus nombres están: tiburón sarda, tiburón del lago Nicaragua, jaquetón toro, tiburón del río Ganges, nariz de pala gris, tiburón de hocico cuadrado, escurridizo gris y tiburón de Van Rooyen.

RÉCORDS

Tiburón ballena filmado por un buceador

RARO HALLAZGO
El hecho de que el tiburón bocudo apenas haya sido descubierto en 1976, y que sólo se hayan registrado seis ejemplares, sugiere que es la más rara de las especies.

CAMPEÓN NADADOR
Los más rápidos son el mako y la tintorera. Ésta puede nadar hasta 43 mph (69 km/h), pero únicamente en tramos cortos; su velocidad normal es de 7 mph (11 km/h).

VIAJERO INTRÉPIDO
La especie que más viaja es el tiburón tintorera, que emigra comúnmente hasta 1,875 millas (3,000 km). Cada año, los tintorera del Atlántico recorren este océano a lo largo y ancho, un viaje de más de15,000 millas (25,000 km).

CAJA CEREBRAL
La rara cabeza ancha y plana del martillo contiene un cerebro mayor que el de cualquier otro tiburón.

SUCIAS PROFUNDIDADES
El nivel más profundo en que se han visto tiburones es cerca de 11,500 pies (3,500 m), pero los biólogos marinos creen que pueden resistir profundidades mayores que ésta.

Tiburón nodriza

EL VIEJO DEL MAR
Casi todos los tiburones viven de 20 a 30 años, pero unos llegan a 80. Se sospecha que el grande y lento tiburón ballena puede vivir 150, y ser una de las criaturas más longevas de la tierra.

MINIMONSTRUO
El más pequeño de los tiburones es el enano; el espécimen promedio tiene sólo 4 pulg (10 cm) de largo.

LA GRAN BALLENA
El mayor de los tiburones (y el pez más grande) es el ballena. Se han reportado ejemplares de 60 pies (18 m) de largo y 44 toneladas de peso. Como las grandes ballenas, este gigante se alimenta también de plancton, de ahí su nombre.

HUEVOS ENORMES
Los científicos creen que el tiburón ballena hembra pone huevos de hasta 12 pulg (30 cm) de longitud.

DOLORES CRECIENTES
Los que crecen más rápido –hasta 12 pulg (30 cm) por año– son los grandes tiburones pelágicos, como la tintorera.

COMIDA ABUNDANTE
El tiburón más común en el mundo es la mielga, y también se come con mayor frecuencia en más sitios que los de otro tipo. Razón por la que su número declina significativamente.

¡PELIGRO!
La playa Amanzimtoti de Sudáfrica es la más peligrosa del mundo por los ataques de tiburones.

ANTIGUO SOBREVIVIENTE
Casi sin cambio en 20 millones de años, el tiburón de gorguera es la especie viva más primitiva.

HOGAREÑO
El menos viajero es el tiburón nodriza, que permanece en la misma pequeña sección del arrecife toda su vida.

Los dientes largos y puntiagudos del tiburón de gorguera se ven en fósiles, no en tiburones vivos

Tiburón de gorguera

HOYO ABIERTO
Se cree que el *Carcharodon megalodon*, antecesor del gran tiburón blanco, tenía una quijada de al menos 6 pies 6 pulg (2 m) de ancho; en contraste, la mayor registrada de un gran blanco medía sólo 23 pulg (58 cm). Los dientes del Megalodonte eran el doble de grandes que los del blanco.

MALOS MUCHACHOS
Los grandes tiburones blancos son responsables de más ataques a gente que cualquier otra especie, pero se sabe que el tigre, el toro y el martillo han también atacado seres humanos.

TIBURONMANÍA
Tiburón, de Peter Benchley, es una de las novelas más vendidas en el mundo, y su película, de las más taquilleras de todos los tiempos.

CAPTURA MAYOR
El mayor tiburón blanco registrado se capturó cerca de Malta en 1992: midió terroríficos 24 pies (7.10 m) y pesó casi 7,716 libras (3.5 toneladas).

Descubre más

Los acuarios de la mayoría de las grandes ciudades, como Londres, Miami, Nueva York, San Diego, Waikiki y Sydney, tienen impresionantes exhibiciones de tiburones, y muchos proveen información completa por medio de libros, folletos, fotografías, conferencias y sitios web.

Gran parte de la población mundial de tiburones habita en océanos tropicales, por lo que los centros de especialistas se encuentran sólo en países contiguos. En Sudáfrica, por ejemplo, una organización arregla que los interesados adopten un espécimen en particular, y les informa de los progresos del animal. Sin embargo, en la observación, estudio y exhibición de tiburones, el líder mundial, sin duda, es Australia, en cuyos océanos se halla casi la mitad de las especies registradas. Aquí, es posible contratar un paseo en bote u organizar una excursión submarina cerca de la costa. Pueden visitar el espectacular Acuario de Sydney, uno de los más grandes del mundo, con una soberbia colección de tiburones.

TRAS LAS REJAS
Quienes desean estudiar, fotografiar o sólo observar de cerca a los tiburones, generalmente lo hacen desde la seguridad de una fuerte jaula de metal. En circunstancias ordinarias, estas jaulas tienen varios flotadores, de modo que los ocupantes nunca están a más de 10 pies (3 m) bajo la superficie del agua.

Las jaulas tiburoneras se diseñan contra los tiburones grandes; los pequeños pasan entre los barrotes

Los oj[...] un an[...] están alto d[...] cabez[...]

AFILADOS
Muchas culturas han elaborado joyería con dientes de tiburón, a veces con la esperanza de que su poseedor adquiera fuerza y temeridad. Este collar de dientes de gran blanco es de Nueva Zelandia. Los museos de historia natural y de antropología exhiben estos objetos.

VISIONES DE ÁNGELES
Los angelotes (o peces monjes, como s[...] les nombra en los restaurantes), son atractivos populares de un acuario; a veces, los especímenes son difíciles de avistar, ya que su piel moteada les da el perfecto camuflaje en la arena y las rocas del fondo.

ENCUENTRO CON TIBURONES
El túnel de observación en el Acuario de Sydney permite a los visitantes sentirse en el lecho marino entre las criaturas que allí viven. La mayoría de los acuarios exhibe tiburones pequeños, ya que es difícil mantener en cautiverio a los grandes; un gran blanco tuvo que ser liberado porque golpeaba las paredes de su estanque.

Fósil de diente de megalodonte (i.) y diente de gran blanco (ab.) a una cuarta parte de sus tamaños reales.

SITIOS ÚTILES EN LA WEB

- Sitio general con ligas a sitios más específicos; excelente para principiantes: **www.lareserva.com/noticias/mundotibuindex.html**

- Sitio oficial de Shark Research Unit, organismo internacional líder, sin fines de lucro comprometido con la conservación: **www.sharks.org**

- Sitio amigable acerca de la conservación de los tiburones: **www.iucn.org/places/medoffice/mediakitsharks.html**

- Sitio Oficial del Fondo Mundial para la Naturaleza, con liga a tiburones: **ww.panda.org/kids/wildlife/mnshark**

- Sitio oficial del Acuario de Sydney: **www.sydneyaquarium.com.au**

- Sitio muy completo sobre tiburones, en español: **www.tiburones.iespana.es/tiburones**

- Sitio oficial de la Sociedad de Conservación y Exploración del Gran Blanco de Sudáfrica: **www.whiteshark.co.za**

- Sitio creado por uno de los principales especialistas en tiburones del mundo: **www.rodneyfox.com.au**

- Diccionario de especies marinas con nombres en latín, español, inglés y francés: **http//213.60.131.138pescadigital/menudic.htm**

Tiburón leopardo

Sitios para visitar

ACUARIO DE SYDNEY, AUSTRALIA
Ubicado en la bahía de Darling, su sobresaliente exhibición atrae a más de un millón de visitantes al año. Ofrece:
- un increíble mirador a mar abierto por el que se observan de cerca los tiburones.
- una colección de más de 11,000 criaturas acuáticas en su ambiente natural.

ACUARIO DE LONDRES, GB
En su sitio único en la ribera sur del Támesis, este acuario relativamente nuevo presenta dioramas inusuales, como:
- características separadas de los océanos Atlántico, Pacífico e Índico.
- circuito de TV para imágenes en vivo del diorama del Pacífico (tiburones incluidos) que pueden ser vistos por computadora.

ACUARIO DE WAIKIKI, HAWAI, EE. UU.
Dedicado a la vida acuática alrededor de Hawai, en el océano Pacífico, posee más de 2,500 organismos de más de 420 especies de animales y plantas. De interés:
- Cámara Tiburón, que monitorea a los cazadores de los arrecifes para estudiar de cerca los hábitos y conducta de las criaturas involucradas (rayas, cuberas, lucios y chernas, además de tiburones).

MUSEO DE HISTORIA NATURAL DE LOS ÁNGELES, EE. UU.
Líder mundial en historia natural, presenta más de 33 millones de especímenes y artefactos. No hay que perderse:
- el raro bocudo, el primero de su especie en un museo, y el undécimo hallado desde que fue descubierto en 1976.

MUSEO RODNEY FOX, ADELAIDE, AUSTRALIA
Obra de un famoso especialista en el gran blanco (y víctima de él), ofrece:
- jaulas de filmación, maquetas a tamaño natural y dientes fósiles de gigantes.
- imágenes documentadas de algunas de las más de 100 películas y expediciones que Rodney Fox ha conducido para la National Geographic, la Sociedad Cousteau, los Estudios Universal, Producciones Disney y Reino Salvaje.

SOCIEDAD DE CONSERVACIÓN Y EXPLORACIÓN DEL GRAN BLANCO, SUDÁFRICA
Más que una atracción, un acercamiento interactivo con el depredador más notable del mundo. Los miembros de esta sociedad pueden:
- aprender sobre investigación, protección y conservación
- "adoptar" un tiburón y recibir información de sus características, historia, imágenes y patrones de conducta. En muchos casos, también se proporcionan imágenes en video.

Antigua matraca de cocos para atraer tiburones, de Samoa

Glosario

ADAPTACIÓN Proceso evolutivo biológico que permite a las especies ajustarse al entorno.

ALETA ANAL Una de las que están en la parte ventral de algunos tiburones.

ALETA CAUDAL Aleta de cola. En las diversas especies de tiburones tiene forma y tamaño distintos.

ALETA DORSAL Una de las situadas al centro del lomo de un pez para impedir que ruede de lado a lado.

Barbilla

Tiburón nodriza

ALETA PECTORAL Una de un par situado bajo la sección frontal de un pez. Las aletas pectorales le dan elevación, ayudan a la dirección y hacen de freno si es necesario.

ALETA PÉLVICA Una del par situado bajo la sección trasera del pez. Más pequeñas que las pectorales, ayudan a la dirección y actúan como estabilizadores.

AMPOLLAS DE LORENZINI Poros sensoriales en el hocico de un tiburón conectados con delicados canales internos llenos de gelatina; detectan las pulsaciones eléctricas de la presa en el agua. Se cree que también tienen que ver con la migración, al actuar como una especie de brújula natural.

BARBILLA Proyección sensitiva carnosa en la boca de ciertas especies. Las barbillas tocan la arena del fondo para detectar alimento oculto; también pueden ayudar al tiburón a oler y probar.

BRANQUIAS Órganos respiratorios de un pez por donde toma oxígeno y expele dióxido de carbono. En tiburones y especies conexas, son una serie de entre cinco y siete ranuras tras la cabeza.

CARTILAGINOSO Al describir una especie animal significa que su esqueleto es de cartílago. Los peces cartilaginosos incluyen tiburones. rayas, mantarrayas y quimeras (*ver también* CARTÍLAGO).

CARTÍLAGO Tejido firme que forma el esqueleto del tiburón. Aunque flexible, el cartílago no es tan duro como el hueso.

CEBO Carnada especial de sangre con pescado salado y descompuesto.

CHAGRÉN (Zapa) Piel seca de tiburón usada como lija para pulir madera y piedra.

CLOACA Abertura reproductiva y excretoria en el cuerpo de un pez.

COMENSAL Relativo a la conexión entre dos organismos en que uno se beneficia y otro ni ayuda ni se lastima. Los peces piloto y los tiburones tienen una relación comensal: los piloto obtienen protección al nadar bajo los tiburones, a los que no afectan de ninguna forma.

COMER CON FRENESÍ Comportamiento desenfrenado de un grupo de tiburones al hallar sangre o carne en el agua. En estos momentos a los tiburones no les importa su seguridad e incluso pueden atacarse unos a otros.

COPÉPODO Una de las más de 4,500 especies de pequeños animales acuáticos del plancton. Algunos se pegan a las aletas y branquias del tiburón y comen secreciones de su piel y sangre.

CÓRNEA Membrana transparente y dura que cubre el iris y la pupila del ojo de vertebrados, pulpos y calamares.

Aleta dorsal

Aleta caudal (cola)

CRUSTÁCEOS Grupo de criaturas acuáticas de concha dura, como el cangrejo y el camarón, que son alimento de algunos tiburones.

DENTÍCULOS DÉRMICOS Literalmente, "dientes de la piel", actúan como escamas, formando una capa que protege el cuerpo del tiburón. Similares a los dientes normales, son de dentina y esmalte, pero su forma cambia según el sitio que ocupen: los del hocico son redondeados; los de atrás, puntiagudos. Los dentículos dérmicos tienen borde y se alinean en la dirección de nado del tiburón para minimizar el arrastre. (*ver también* DENTINA).

DENTINA Material denso hecho de minerales que forma el componente principal de los dientes.

DEPREDADOR Animal cuya inclinación natural es cazar a otros animales.

DORSAL Relativo al lomo de un animal (opuesto a VENTRAL).

ECOLOGÍA El estudio de la relación entre los organismos y su medio ambiente. Los que se especializan en ello son ecologistas.

ECOSISTEMA Colección de organismos que interactúan dentro de un hábitat particular.

EMBRIÓN Animal en desarrollo antes de nacer o de salir de un huevo.

EQUINODERMO Grupo de invertebrados marinos, alimento de algunos tiburones.

Dentículos dérmicos

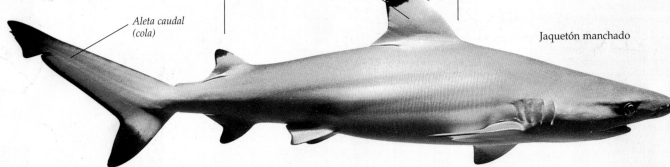

Jaquetón manchado

ESMALTE Capa exterior de los dientes. Es la sustancia más fuerte del cuerpo de un animal.

ESPIRÁCULO Apertura branquial redonda,

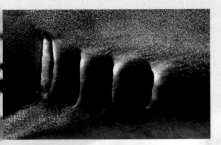

Branquias de tiburón nodriza

adicional, sobre la cabeza de tiburones del fondo del mar.

ETIQUETAR Método para seguir y estudiar tiburones en libertad poniendo una etiqueta a su aleta para poder saber sus movimientos.

FÓSIL Restos de plantas o animales antiguos, preservados en tierra o roca.

GANCHOS Órganos reproductores en el borde interior de las aletas pélvicas de un tiburón macho; conducen el esperma.

GESTACIÓN Periodo de desarrollo del embrión, entre concepción y nacimiento.

INTERNEURALES Parte de la estructura de las vértebras del tiburón que sostiene sus aletas dorsales.

INVERTEBRADO Animal sin espina dorsal o columna vertebral (opuesto a VERTEBRADO).

LÁMINAS Branquias microscópicas capilares que forman los filamentos en los rastrillos branquiales del pez. Estas estructuras absorben oxígeno y expelen dióxido de carbono.

LÍNEA LATERAL Fila de órganos sensibles de presión en los costados del cuerpo del tiburón y alrededor de la cabeza. Alertan al tiburón la proximidad y movimiento de objetos en el agua al detectar cambios de presión, una gran ventaja en mares oscuros o turbios.

MEMBRANA NICTITANTE Tercer párpado interior que se mueve sobre la superficie del ojo del tiburón para limpiarlo y protegerlo. Su función es la del párpado humano al parpadear.

MIGRACIÓN Movimiento de una población animal de una área a otra y de regreso, a menudo cada año.

MIGRACIÓN VERTICAL Movimiento de criaturas marinas de la profundidad a las aguas bajas, o viceversa. Los organismos de plancton emigran así a diario y a menudo los siguen peces, ballenas y depredadores similares.

OLFATORIO Se refiere al sentido del olfato de una criatura.

OMNÍVORO Que se alimenta con todo tipo de comida, vegetal o animal.

OOFAGIA Canibalismo prenatal en el que tiburones en desarrollo se alimentan de huevos producidos por la madre.

OPÉRCULO Cubierta branquial en ciertos peces de espina, no en tiburones.

Aleta pectoral

Tiburón cornudo

OTOLITOS Gránulos de carbonato de calcio del oído del tiburón por los que establece su ángulo de inclinación en el agua.

OVIDUCTO Tubo de huevos en una hembra por donde introduce esperma el macho.

OVÍPARO Que produce huevos que empollan fuera del cuerpo de la madre.

OVOVIVÍPARO Que produce huevos que empollan dentro del cuerpo de la madre.

PARÁSITO Animal o planta que vive en otro organismo y se nutre de él.

Etiquetando tiburones

PLANCTON Organismos microscópicos, a veces móviles, que sirven de alimento a ciertos tiburones. Los tiburones ballena viven por completo de plancton.

RASTRILLO BRANQUIAL Órgano en forma de peine en el arco branquial de algunos tiburones. Filtra el plancton del agua de mar que entra a la boca del tiburón.

TAPETO Capa de células tras la retina de los ojos de algunos peces y animales nocturnos que reflejan la luz y ayudan a ver en la oscuridad.

VÁLVULA ESPIRAL Eficiente intestino enroscado del tiburón.

VENTRAL Relativo a la parte baja del cuerpo (opuesto a DORSAL).

VERTEBRADO Animal con espina dorsal o columna vertebral (opuesto a INVERTEBRADO).

VESÍCULA BILIAR Bolsa con bilis producida por el hígado para ayudar a la digestión.

VIVÍPARO Producir crías que permanecen en la madre hasta estar totalmente formadas y listas para nacer.

Tiburón depredador del río Zambezi cazando en aguas dulces y bajas

Índice

Reconocimientos

Dorling Kindersley agradece a: Alan Hills, John Williams, y Mike Row del Museo Británico, Harry Taylor y Tim Parmenter del Museo de Historia Natural, Michael Dent, y Michael Pitts (Hong Kong) por las fotografías adicionales. Al personal del Sea Life Centres (RU), especialmente a Robin James y Ed Speight (Weymouth) y Rod Haynes (Blackpool), David Bird (Poole Aquarium), y al Acuario Ocean Park (Hong Kong), por proveer los especímenes para ser fotografiados y por la información acerca de las especies. Al personal del Museo Británico, Museum of Mankind, Museo de Historia Natural, especialmente a Oliver Crimmen del Fish Dept., Marine Biological Association (RU), Marine Conservation Society (RU), Sarah Fowler del Nature Conservation Bureau (RU), Acuario de Sydney (Darling Harbour, Australia), John West del Aust. Shark Attack File (Taronga Zoo, Australia), George Burgess del International Shark Attack File (Museo de Historia Natural de la Florida, EE. UU.), Dr. Peter Klimley (Universidad de California, EE. UU.), y Rolf Williams por su ayuda en la investigación. Djutja Djutja Munuygurr, artista de Djapu, 1983/1984, por las pinturas de los barcos. John Reynolds y al *Ganesha* (Cornwall) por la secuencia de la persecución. Oliver Denton y Carly Nicolls que participaron como modelos fotográficos. Peter Bailey, Katie Davis (Australia), Muffy

Dodson (Hong Kong), Chris Howson, Earl Neish, Manisha Patel, y Helena Spiteri por su ayuda editorial y en el diseño. Jane Parker por el Índice.
Mapas: Sallie Alane Reason. **Ilustraciones:** John Woodcock.

Créditos fotográficos:
ar. = arriba; ab. = abajo; c. = centro; i. = izquierda; d. = derecha.
Ardea: Mark Heiches 52ab.i.; D. Parer y E. Parer-Cook 19ar.c.; Peter Sleyn 8ab., 30ab.c.; Ron y Val Taylor 7ab.d., 38ab.i., 40c.i., 41ar.d., 49c.ar., 52ar., 52ab.c., 53ar.d., 53ar., 53c.d.; Valerie Taylor 19ab.i., 31, 51c., 51ab.i., 60ar.d.; Wardene Weisser 8c. **Aviation Picture Library** / Austin J. Brown: 35ab.d. **BBC Natural History Unit:** Michael Pitts 64c.; Jeff Rotman 65ar.d., 66c.i., 66ab.c., 67c.i., 69c. **Bridgeman:** El Prado (Madrid), *The Tooth Extractor* por Theodor Rombouts (1597-1637), 32ab.i.; Private Collection, *The Little Mermaid* por E. S. Hardy, 21ar.i. **Corbis:** Paul A. Souders 68-69. **Capricorn Press Pty.:** 56ar.i., 56ar.d. **J. Allan Cash:** 27ab.d., 50ar.d., 51ar.i.ab. **Bruce Coleman Ltd.:** 59c. **Neville Coleman Underwater Geographic Photo Agency:** 20c.d., 44ab.i., 61c.d. **Ben Cropp (Australia):** 50c.ar., 50ab. **C. M. Dixon:** 47c.d. **Dorling Kindersley:** Colin Keates 25ar.d., 32ab.d.; Kim Taylor 21ar.i.; Jerry Young, 9c.d., 42c.d. **Richard Ellis** (EE. UU..): 17d. **Eric Le Feuvre** (EE.

UU..): 20ab.d. **Eric y David Hoskings:** 56c.i. **Frank Lane Picture Agency:** 30ab.d. **Perry Gilbert** (EE. UU..): 51ar.d., 51ar.d.ab. **Peter Goadby** (Australia): 28ar. **Greenpeace:** 58ar.d.; 59ab.d. **T. Britt Griswold:** 44ab. **Tom Haight** (EE. UU..): 45ar. **Sonia Halliday y Laura Lushington:** 50ar.i. **Robert Harding Picture Library:** 18ar.d. **Edward S. Hodgson** (EE. UU..): 60i.ab., 61i.ab. **The Hulton Picture Company:** 34ar.i., 42c.i. **Hunterian Museum, Universidad de Glasgow:** 13c. **The Image Bank** / Guido Alberto Rossi: 30ar. **Intervideo Television Clip Entertainment Group Ltd.:** 6ar. **F. Jack Jackson:** 49c.d., 49ab.d. **C. Scott Johnson** (EE. UU..): 50c.ab. **Stephane Korb** (Francia): 58c.d., 58ab. **William MacQuitty International Collection:** 45ab.c. **Mary Evans Picture Library:** 10ar., 36ar., 38ar., 40ar., 48ar.i., 52ar.i., 55ab.d., 60ar.i. **Museo Británico/Museum of Mankind:** 46ar.i., 68ab.i., 69ab.d. **Museo de Historia Natural del Instituto Smithsonian** (Washington, D.C.): Photo Chip Clark 13d. **NHPA:** Joe B. Blossom 23c.d.; John Shaw 23ar.i.; ANT/Kelvin Aitken 48c.d. **National Marine Fisheries Service:** H. Wes Pratt 54c.ar., 59ar.i.; Greg Skomal 54ab.i.; Charles Stillwell 23ar.c., 23ar.d. **Ocean Images:** Rosemary Chastney 28ab., 29ab., 29c., 54c.i.; Walt Clayton 15ab.d., 49c.i.; Al Giddings 15c.d., 45ab.d., 48c.i., 49ab.i., 53ab.i.;

Charles Nicklin 29ab.d.; Doc White 20c.i., 20ab.c.i. **Oxford Scientific Films:** Fred Bavendam 25c.i., 39ab.; Tony Crabtree 34a 35ar.; Jack Dermid 25c.d.; Max Gibbs 27c.ab.d.; Rudie Kuiter 43i.; Godfrey Merl 43ab.d.; Peter Porks 35c.; Kim Westerskov 49ar.d.; Norbert Wu 45c.d. **Planet Earth Pictures:** Richard Cook 59ab.i.; Walter De 24ab.c.i., 39c., 48ab.i.; Daniel W. Gotshall 30c.i.; Jack Johnson 51ab.d.; A. Kerstitch 21c.i., 21ab.c., 21ab.; Ken Lucas 20ar.d., 24c.d., 39ar.d., 42ab.i.; Krov Menhuin 27a D. Murrel 32ar.; Doug Perrine, 23ab.d., 25ar., 26ab.c.d., 54ab.d., 55ar.d., 55c.i.; Christian Petron 42ab.d.; Brian Pitkin 24ar.i.; Flip Schulke 30ar.i.; Marty Snyderman 20ab.i., 27ar., 42ar., 43ar., 54c. James P. Watt 32ar., 32ab., 33ar., 33ab.; Ma Webber 30ab.i.; Norbert Wu 26c., 48ab.d. **Cortesía de Sea Life Centres** (RU): 62ab **Shark Angling Club of Great Britain:** 58c.i. **Cortesía del Acuario de Sydney** (Darling Harbour, Australia): 62ab.d. **Werner Forman Archive** / Museum of Mankind: 47c.i. **Cortesía de Wilkinson Sword:** 60c.i. **Rolf Williams:** 16ar.i., 18c. (en bloques de seis), 59ar.d., 61ar.d.

Imágenes de la portada: Portada: Stone/Getty Images: Jeff Rotman. Contraportada: Todas las imágenes del Museo Británico.

Otras ilustraciones © Dorling Kindersley. Más información en: www.dkimages.com